KB150974

친절한 1학년 매뉴얼, 1학년을 가르칠 수 있는 용기를 드립니다.

1학년 선생님을 위한 모든 것

장 소 영

박영story

장 소 영

1학년
선생님을 위한   모든 것

박영story

들어가며

1학년이 이렇게 힘들다고 왜 아무도 말 안 해줬어?

한 건물에서 생활하던 1학년을 가끔 보았습니다. 걷는 건지, 뛰는 건지 모르겠는 1학년 아이들은 옆집 아이처럼 귀여웠습니다. 그리고 "1학년은 힘들다, 요즘 1학년은 더 힘들다."라는 말을 들을 때면 귀여웠던 아이들이 언제 변신할지 모를 판타지 영화 속 요정처럼 무섭기도 했습니다.

저는 교직 경력 18년 차가 되어서야, 남의 이야기 같았던 1학년이라는 세상에 입문하였습니다. 차곡차곡 키워온 경력의 숫자를 믿고 도전했지요. 하지만 제가 가졌던 자신감은 아직 1학년을 맡아본 적 없었기에 가졌던 '허세'라는 것을, 1학년 입학 첫날에 알게 되었습니다.

아이를 낳고 육아하며 다들 하소연하지요? 애 낳고 키우는 게 이렇게 힘든 거라고 왜 말 안 해줬냐고요. 1학년을 만난 제 마음이 딱 그 마음과 같았어요. '1학년 힘들다, 요즘 1학년은 더 힘들다'라는 말은, '1학년을 다시는 하고 싶지 않게 될 거다.'라는 정도의 힘듦임을 알게 되었습니다. 같은 말을 열 번 하는 것, 똑같은 종이접기를 스무 번 하는 것은 힘든 일도 아니었습니다. 고집부리기, 울며 떼쓰기, 화내고 물건 던지기, 놀이에서 졌다고 구석에 숨어버리는 1학년 아이들을 지도하는 일이 제겐 너무 버거웠습니다.

저는 학교 가기 싫은 선생님이 되어 출근길에 여기저기 하소연 전화를 했고, 퇴근하며 교무실에 들러 "저 내일 출근 못 할 수도 있어요."라고 선전포고도 했습니다. 저는 경력이 무려 18년이나 되는 선생님인데 말입니다.

1학년 선생님이 되기 전에 미리 공부했으면 어땠을까?

저는 어려움을 만나면 책을 찾습니다. 1학년을 맡고 쩔쩔매던 저는 이번에도 책을 찾았습니다. 읽고 답을 구하고 학급에 적용하며 그렇게 일 년을 보냈습니다.

1학년을 제대로 배운 후, 다음 해에는 능력자 1학년 선생님으로 변신하여 1학년 학급경영과 학습 지도를 잘 해내었습니다. 무사하게 그리고 행복하게 1학년 아이들과 생활해 보니 '1학년 선생님이 되기 전에 미리 공부했으면 어땠을까? 1학년 학급경영을 톺아보기 해주는 책이 있었다면 어땠을까?'라는 생각이 들었습니다. 그래서 1학년을 다시 맡은 둘째 해에는 1학년 생활을 기록으로 남겼습니다.

1학년 담임 배정 후 주어지는 준비 기간은 2주입니다. 입학식 준비도 해야 하기에 진득하게 앉아 연수를 듣는 것도, 긴 호흡의 책을 읽기도 쉽지 않지요. 시기별로 필요한 핵심 지도 내용을 엮은 이 책은 1학년 선생님께서 일 년 내내 옆에 두고 필요할 때마다 찾아 읽을 수 있는 책이 될 거예요.

들어가며

이 책의 2장에는 입학식, 입학 적응 활동 그리고 학생들의 기본 생활 습관을 잘 형성할 수 있는 3월 초의 지도 내용을 담았습니다. 3장에는 1학년 학습 및 생활 지도가 쉬워지는 학급경영의 알짜 노하우, 4장에는 학생들의 다툼 지도, 문제 행동 지도, 학부모 대하기 등의 구체적 생활 지도 내용을 담았으니 2, 3, 4장은 입학식을 준비하며 읽으시면 1학년 학급경영의 시행착오를 줄이고 보다 안정적인 3월을 맞이하실 수 있을 거예요.

5장 '1학년 수업하기'에는 선생님들께서 부담스러워하시는 한글, 수학, 체육 수업을 미리 훑어드렸고 지도 유의점, 활용 교재 및 교구를 안내하였습니다. 수업 준비가 한결 수월해지리라 기대합니다. 6장은 독서, 그림일기, 줄넘기 등 모든 것이 처음인 1학년의 단계별 지도법을 실었고, 7장에는 입학 100일 잔치, 현장 체험학습, 학급 학예회 등 1학년의 굵직한 행사를 준비하실 때 도움이 될 내용을 담았습니다.

초등교사로서 1학년을 만난 것은 참 의미 있는 일이었습니다. 고학년 담임을 하면서 어딘지 모르게 놓쳤던 기본 생활 지도가 무엇인지 찾았고 방법도 알게 되었습니다. 마치 없어진 퍼즐을 찾은 것처럼요.

저처럼 고경력임에도 1학년을 처음 맡는 선생님, 1학년을 몇 번 해보고 도저히 나와 맞지 않아 겁이 나시는 선생님, 1학년을 맡아 고군분투하시는 저경력 선생님, 초등 학급경영의 기본을 알고 싶으신 선생님께도 이 책을 권합니다. 제가 찾은 보물이 선생님들께 1학년을 가르칠 수 있는 용기를 드릴 거라 기대합니다.

1학년 아이들의 귀염둥이 짓에
함박웃음 웃는 어느 날

1학년 선생님 장소영 드림

5

INDEX

차례

CHAPTER 03

1학년 쉬워지기 / 78

INDEX

차례

CHAPTER 06

1학년 무르익기 / 250

차례

INDEX

부록

1학년 만나기

18년 차지만 1학년은 처음입니다

초등학교 선생님들은 1학년부터 6학년까지 고루 맡을 거라고 많이들 생각하지만, 사실 그렇지 않습니다. 저는 주로 고학년을 맡아왔습니다. 제가 고학년과 잘 맞는다고 생각해서 1학년을 지원하지 않았거든요. 1, 2학년 담임을 선호하시는 선배 선생님들이 계셨기에 가능한 일이었습니다. 하지만 강산도 변한다는 십 년이 두 번 흐른 사이, 1학년은 기피 학년이 되었고, 제가 근무하는 지역에서는 1학년을 맡는 선생님에게 이동 점수까지 부여할 정도가 되었습니다.

교직 경력 18년 차가 되어서야 저는 1학년을 처음으로, 그리고 제대로 만나기로 했습니다. 차곡차곡 쌓은 경력의 숫자만큼 아이들을 가르치는 일에 요령이 생겼다고 자부했습니다. '나도 이제 1학년 할 때가 됐지, 내가 못 하겠어?'라는 생각을 품고, 당당히 지원하여 1학년을 맡았습니다.

자신감과 설렘으로 만난 1학년 아이들은 어땠을까요? "같은 말을 열댓 번 해야 하지만 1학년은 귀여워!", "종이접기를 스물댓 번 해 줘야 하지만 사랑스러워!" 동료 선생님들께서 이렇게 말씀하셨지만, 제가 처음 만난 1학년은 귀엽지도 사랑스럽지도 않았습니다. 그들은 제가 17

년간 만나온 초등학생, 그리고 동료 선생님께 전해 들었던 1학년과는 다른 존재였습니다.

마스크 줄을 입에 물고 쪽쪽 빠는 아이, 점퍼를 둘둘 말아서 윗옷 안에 넣고 낄낄 웃는 아이, 남은 붙임 딱지를 얼굴에 덕지덕지 붙이는 아이들은 귀여운 아이들이었고요. 엉덩이와 한쪽 다리가 책상 위로 올라오는 아이, 교실 바닥에 배를 대고 기는 아이, 교실을 돌아다니는 아이, 교실 밖을 나가는 아이도 있었습니다. 그것도 수업 시간에, 천진난만한 얼굴을 하고요.

선생님 속을 부글부글 끓게 만드는 아이도 있었습니다. 이름을 부르면 "왜요?" 하고 선생님을 흘겨보는 아이, "쟤는 왜 안 혼내요?" 선생님에게 따지는 아이, "쉬는 시간이 왜 이렇게 짧아요!" 화내는 아이, "나는 맨 마지막에 발표할 거예요. 다른 애부터 시켜요." 교실의 왕인 아이, 소리를 지르고 물건을 던지는 아이에다가 선생님에게 침을 뱉는 아이까지. 독자님을 놀라게 했을 이 아이들은 제가 실제로 만났던 1학년 아이들입니다. (물론 착하고 예쁜 모습의 아이들이 더 많아요. 또한 차마 글 속에 싣지 못한 모습의 아이도 있고요.)

저는 1학년을 맡은 첫해에 교실을 제대로 통제하지 못했습니다. 무질서한 교실에서 아이들의 다툼은 많았고 문제 행동을 하는 학생이 언제 폭발할지, 그리고 또 어떻게 선생님과 힘겨루기할지 늘 긴장이 흐르는 교실이었습니다. 저의 새로운 모습도 만났습니다. 자랑스러운 경력이 무용지물이 되었다는 자괴감과 아이들을 통제하지 못한다는 무력감에 시달리는 저의 모습을요. 학급운영을 잘한다고 느꼈던 자부심은 1학년을 맡지 않은 덕분에 가졌던 신기루였음을 알게 되었습니다.

특히, 3월부터 5월까지 매우 힘들었습니다. 출근길에 여기저기 전화해 학교에 못 가겠다고 하소연했고, 퇴근하며 교무실에 들러 부장님께 내일 출근 못 할 수도 있다고 말씀드렸습니다. 저 스스로에게도 매일 물었습니다. '내가 버틸 수 있을까?' 저는 녹다운되었지만 차마 녹아웃은 외치지 못한 채 시간을 버티고 있었습니다.

일 년을 버텨 1학년 선생님이 되었습니다

말 그대로 일 년을 버텼습니다. 동 학년 선배 선생님께 묻고, 책을 찾아 읽고, 연수를 들으며 공부했습니다. 1학년 아이들과의 하루를 복기하며 나은 방법을 찾았습니다. 이렇게 해보고 저렇게 해보며 일 년이 흘렀고 무사히 1학년 아이들과 종업식을 함께했습니다. 저의 일 년을 바로 옆 교무실에서 지켜보셨던 한 선생님은 "5월까지는 선생님이 버틸 수 있으실지, 진짜 걱정했어요."라는 말로 고된 전투 끝에 얻은 저의 승리를 축하해 주셨습니다.

제가 버틴 시간은 배움으로 이어졌습니다. 1학년이 유달리 지도하기 힘든 이유가 무엇인지 찾았습니다. 우선, 1학년은 몸이 어립니다. 1학년과 2학년의 신체 발달 차이는 산술적인 1년이라 할 수 없을 정도지요. 줄을 서서 이동할 때 아이들은 자기도 모르게 팔을 흔들흔들하고, 폴짝폴짝 뜁니다. 그러다가 친구를 툭 치기도 하고 혼자 넘어지기도 합니다. 외투를 몇 겹이나 입고서 "선생님, 너무 더워요!"하고 짜증을 냅니다. 아이들이 어린 몸을 잘 컨트롤할 수 있도록 도와주어야 하기에 1학년 선생님은 힘이 듭니다.

1학년은 마음도 어려서 굉장히 자기중심적입니다. 나의 감정, 나의 상황이 가장 중요하며 나의 말이 옳다고 생각합니다. 친구와 선생님이 제 마음을 반드시 알아주어야 한다고 생각하는 웅대한 자아의 아이들도 있어요. '교실'이라는 사회를 처음 겪는 아이들이 자신만의 알에서 나올 수 있도록 줄탁동시 하며 마음을 키워주는 일도 1학년 선생님 몫이지요.

1학년은 기본 생활 습관을 일 년 내내 가르쳐야 합니다. 수업 시간에 바르게 앉고, 손을 들고 발표하며, 쉬는 시간에는 다음 수업을 준비하도록 지속적으로 지도해야 합니다. 컴퓨터로 본다면 1학년은 윈도우와 같은 운영체제 프로그램을 설치하는 시기예요.

1학년은 문제 행동을 보이는 학생 지도 또한 수월하지 않습니다. 분명 학교 폭력이나 교권 침해의 경계를 왔다 갔다 하는 일임에도 학교생활이 처음인 1학년에게 법규의 잣대를 들이밀기가 쉽지 않습니다. 학교생활의 규칙을 배우는 일이 먼저이기 때문이죠. 1학년 선생님이 극한 직업인 이유 중의 하나입니다.

1학년이 힘들다는 말을 귀가 닳도록 들어왔지만 1학년을 맡고 나서야 알았습니다. 대한민국의 모든 1학년 선생님들께서 몸과 마음의 진을 빼고, 속을 태워 가며 아이들을 가르치고 계시는 것을요. 덕분에 제가 고학년을 그나마 수월하게 가르칠 수 있었다는 것을요.

1학년을 다시 만났습니다

　1학년을 만나 호되게 혼이 난 다음 해, 저는 1학년을 지원하지 않았습니다. 그런데 새 학년도 담임을 발표하는 날, 야속하게도 제 이름은 1학년에 올라 있었습니다. 다시 1학년을 맡는다는 생각을 한 적이 없었기에 굉장히 곤혹스러웠죠.

　하지만 인생에서 최고의 영화감독은 '우연'이라는 말처럼 '우연'이 제게 기회를 준 것으로 생각하고 마음을 고쳐먹었습니다. 1학년을 제대로 잘 가르쳐 보겠다는 오기가 생겼습니다. 잘 버틴 대가로 얻은 경험과 배움으로 1학년을 정복하고 기록을 남기겠다고 마음먹었습니다. 그 기록을 책으로 엮어 나처럼 1학년을 힘들어하는 선생님께 도움이 되었으면 하는 큰 포부도 가졌습니다.

　다시 만난 1학년은 여전히 쉽지 않은 아이들이었고 또 하나의 큰 산이었습니다. 하지만 저는 그 산을 오를 준비가 되어 있었습니다.

　그해 1학년 교실은 평화로웠습니다. 물론 위기도, 고비도 있었지만 참 잘 지냈습니다. 아이들은 수업 시간에 손을 들고 발표하고, 친구의 말과 선생님 말씀을 경청했습니다. 아이들은 쉬는 시간에 심한 몸 놀이를 하지 않았습니다. 덕분에 아이들의 다툼은 줄고 저는 수업에 힘을 쏟을 수 있었습니다. 작년에는 '누가 누구를 때리지 않나?' 감시하느라 전전긍긍했지만, 올해는 틈틈이 아이들과 장난스러운 대화를 나누는 여유로운 시간을 보냈습니다. 제대로 1학년을 배웠던 첫해 덕분입니다.

1학년 교실을 잘 지켜낸 저의 비법을 하나씩 풀어보려고 합니다.

1학년 선생님! 어서 모여보세요!

1학년 시작하기

입학식 준비하기

1학년 선생님들은 학년 배정을 받은 직후부터 당황할 새도 없이 입학식 준비로 바빠집니다. 입학식은 학교마다 특색 있게 진행되기 때문에 작년 입학식 자료를 바탕으로 준비하게 됩니다. **공통된 준비 내용으로는 입학 선물 정하기, 입학식장과 교실 꾸미기, 이름표 만들기, 학교생활 안내문 작성하기, 안내문 출력하여 묶기, 돌봄 및 방과 후 학생 파악하여 하교 방법 미리 알아두기, 학교 홈페이지 공지사항에 입학식 안내 등록 및 학부모 문자 발송 등이 있습니다.**

강당에서 입학식을 하고 교실로 이동하여 학교 적응 시간을 가진 후 하교한 우리 학교의 입학식 이야기를 들려드리겠습니다. 입학식을 미리 그려보시며 마음의 준비를 해보세요.

1 입학 선물 준비하기

입학 선물로 그림책을 추천합니다. 학생 수만큼 다양한 그림책을 구매하여 교실에 비치하면 일 년 내내 아침 시간, 쉬는 시간, 수업 자투리 시간에 읽을 수 있습니다. 다른 학급과도 돌려볼 수 있고요.

1학년들이 특히 좋아하여 읽고 또 읽는 그림책을 소개해 드릴게요. 『슈퍼 히어로의 똥 닦는 법』, 『마법의 빨간 공』, 『아름다운 실수』, 『도서관에 간 사자』, 『선생님은 몬스터』, 『파랑이와 노랑이』, 『엄마 자판기』, 안녕달 작가님의 『수박 수영장』, 『왜냐면』, 『할머니의 여름 휴가』, 백희나 작가님의 『알사탕』, 『장수탕 선녀님』, 『구름빵』, 『나는 개다』, 윤정주 작가님의 『꽁꽁꽁 시리즈』, 유설화 작가님의 『장갑 시리즈』, 『슈퍼 거북』, 『슈퍼 토끼』, 최숙희 작가님의 『열두 달 나무 아이』, 『너는 어떤 씨앗이니?』, 이지은 작가님의 『팥빙수의 전설』, 『친구의 전설』, 『이파라파냐무냐무』, 김고은 작가님의 『눈 행성』, 『우리 가족 납치 사건』과 같은 책은 아이들에게 인정받은 인기 그림책입니다.

② 이름표 준비하기

이름표는 학급별로 다른 색으로 인쇄하여 준비합니다. 강당에 입장한 아이들이 담임 선생님을 찾아오면 선생님께서는 이름을 물어본 후 이름표를 아이 목에 걸어 줍니다. 이름표는 하교할 때 교실 책상 위에 두고 갑니다. 집에 가져가면 많이들 잃어버리니까요.

이름표는 선생님께서 아이들 이름을 익히시고 아이들이 학교 내 동선을 익히는 기간, 일주일 정도 걸고 있으면 충분합니다.

입학 초, 화장실에 갔다가, 급식소에 갔다가 길을 잃는 아이가 꼭 한두 명씩 있어요. 이름표를 걸고 있으면 교직원 어느 분이든 1학년인지 알아채시고 아이를 교실로 데려다주는 해프닝이 생기는 걸 보면 이름표는 꼭 필요한 것 같습니다.

저는 입학 일주일 후에는 목걸이 줄을 뺀 후 이름표를 아이들 책상에 붙여둔 명함꽂이에 꽂아 두었는데 아이들의 자리를 표시할 수 있어 좋았습니다.

③ 입학 적응 활동 및 한글 부교재 확인하기

1학년 부장 선생님이시라면 적응 활동 교재와 한글 부교재 주문 여부를 확인하셔야 합니다. 지역 교육청별로 2월에 공문으로 신청받아 입학 적응 활동 및 한글 부교재(5장_5. '선생님이 꼭 알아야 할 한글 지도법' 참고)를 배부하는 곳도 있습니다.

만약 아직 주문 전이나 배부 전이라면 학교 예산 확인 후 교육청에서 만든 것, 온라인에서 판매하는 것 중 우리 학교에 적합한 것을 골라 준비하세요.

④ 1학년 학교생활 안내 자료 만들기

작년 입학식 자료를 바탕으로 하되 동 학년 선생님의 의견을 반영하여 작성합니다. 다음은 우리 학교 1학년 생활 안내 자료에 넣은 내용입니다.

1) 등교 시간 안내하기

너무 이른 시간에 등교하지 않도록 등교 시간을 안내합니다. (실제로 입학식 다음 날, 한 아이가 7시 50분에 등교하여 컴컴한 복도에서 울고 있는 일도 있었습니다.)

2) 3월 입학 적응 기간의 하교 시간과 1학년 정상 일과 안내

달력 모양의 표를 이용하여 알아보기 쉽게 안내합니다. 학부모가 일 년 내내 안내문을 냉장고에 붙여놓고 확인할 수 있게요.

3) 교육과정 설명회 전에 미리 안내할 것

출결 통지 방법, 교외 체험학습, 휴대전화 사용 학교 규칙, 상담 가능 시간, 학부모에게 전하고 싶은 말은 미리 안내합니다.

4) 준비물

준비물을 챙길 시간을 주고 2~3일간 나누어 가지고 오도록 안내합니다. 준비물 중 세심하게 안내할 것은 다음과 같습니다.

(1) 필통

천으로 된 필통을 준비합니다. 장난감 필통, 인형 필통, 너무 큰 필통은 가지고 오지 않도록 해주세요.

(2) 지우개

예쁜 것보다는 잘 지워지는 것으로 준비합니다. 슬라이딩 지우개는 안 됩니다.

(3) 딱풀

딱풀은 큰 것으로 두 개 준비합니다. 뚜껑과 몸통 모두에 이름을 씁니다.

(4) 무선 종합장

2권 준비합니다. 그림 그리기는 아이들이 가장 좋아하는 놀이이며 자투리 시간을 차분하게 보낼 수 있는 활동이에요. 미리 2권을 준비하게 합니다.

(5) 사인펜, 색연필

12색으로 구입하고 낱개마다 이름을 써옵니다. 24색 이상의 사인펜, 색연필을 몇 학생이 가져오기 시작하면 아이들은 제 것을 쓰지 않고 친구의 것을 쓰려고 합니다. 크기도 커서 책상 서랍 안에 보관하기 힘들고요. 12색으로도 충분합니다.

(6) 여벌의 속옷과 하의

필요하다고 판단하는 경우에 준비합니다. 대소변 실수뿐 아니라 흙탕물에 넘어지거나 옷이 비에 젖었을 때, 급식을 먹다가 국물을 쏟았을 때도 여벌 옷이 필요합니다. 뭐든 잘 빌려주는 우리 1학년들이기에 몇 명의 여분 옷만 갖춰져 있어도 든든하답니다. 옷이 없을 때는 보건실이나 특수 학급에 문의하면 위생 속옷이나 학교 체육복을 구할 수도 있습니다.

두근두근 입학식

1 강당에서 교실로 이동하기

강당에서 진행되는 입학식은 교무 선생님께서 진행해 주시기 때문에 담임 선생님들의 부담은 적습니다. 아이들을 줄 세워서 교실에 갈 때부터가 진짜 시작입니다. 아이들을 자리에서 일으켜 세울 때부터 어떤 말로 지시를 할 것인지 시뮬레이션을 여러 번 돌려보아야 합니다.

저는 강당에서 앉아있던 순서 그대로 줄을 서게 하여 교실로 이동했습니다. 이동하는 길에는 아이들이 다음 날 스스로 교실을 찾아올 수 있도록 길을 설명해 주었습니다.

교실에서는 어떤 순서로 앉게 할까요? 저는 미리 학생의 출석 번호를 학부모에게 문자로 안내하여 아이들에게 외워 오게 했습니다. 입학식 날에는 번호순으로 이름을 부른 후 한 명씩 자리를 알려주고 앉게 했지요. 책상 위에는 아이의 이름이 적힌 안내장 파일을 두어 제 자리가 맞는지 확인할 수 있도록 했습니다.

처음 익힌 이 번호순으로 줄 서는 순서, 검사받는 순서 등 모든 순서를 일치시키면 아이들이 헷갈리지 않아서 좋습니다. 1학년을 맡았던 첫해에는 고학년처럼 자리는 키순으로, 줄은 번호순으로 했더니 아이들이 이 두 가지 순서를 헷갈려 해서 결국 한 가지는 포기해야 했습니다.

2 가방 정리하기

자리에 앉은 아이들에게 "가방을 책상 왼쪽에 걸어요."라고 말하면 "왼쪽이 어디예요? 신발주머니는 어떻게 해요?" 하는 질문 세례가 쏟아지고 선생님이 일일이 가방을 걸어 주는 참사가 벌어집니다.

한 번에 한 가지씩 안내해 보세요. **"어깨에 멘 가방을 벗으세요."**라고 말한 후 아이들을 바라봅니다. 모든 아이가 가방을 벗고 나면 책상 왼쪽을 가리키며 **"가방을 책상 왼쪽 걸이에 걸어요."**라고 말합니다. 그리고 책상 오른쪽을 가리키며 **"신발주머니는 오른쪽에 걸어요."**, **"의자에 앉아요."**, **"선생님을 보세요."** 이렇게 하나씩 지시한 후, 동작이 완료될 때까지 기다려보세요. 선생님께서는 아이들을 관찰하시다가 헤매는 몇 명의 아이만 도와주시면 됩니다. '첫날이니까 아무 데나 가방을 걸어도 되겠지?' 생각하지 마시고 처음부터 제대로 된 기본값을 입력해 주세요. 아이들은 입학 첫날부터 열심히 배우니까요.

3 자기소개하기

선생님과 학생들의 소개 시간을 가집니다. 저는 매년 아이들과의 첫 만남에 숫자 퀴즈를 내는데 1학년들도 참 좋아했습니다. **숫자 '19,**

2, 1'을 보여주고 "숫자 19는 선생님과 어떤 관련이 있을까요? 재미있는 이야기를 만들어도 괜찮아요."라고 문제를 냅니다. 아이들이 만든 재치 있는 답변에 분위기가 풀리고, 퀴즈를 맞히다 보면 더욱 선생님 이야기에 집중하게 됩니다. (제가 낸 숫자 퀴즈의 답은 '선생님은 19년째 아이들을 가르치고 있고, 아들과 딸 아이가 둘 있어요. 그리고 선생님은 1학년을 가장 좋아합니다.'입니다.)

『교실이 살아있는 질문 수업』의 저자 양경윤 수석선생님께서도 아이들과의 첫 만남에 숫자 퀴즈를 내시는데 아이들의 답변에 "좋은 생각이에요. 선생님이 원하는 거예요. 감동이에요."라고 의도적으로 반응하신다고 해요. 허용적인 분위기를 만드는 데 도움이 된다는 양경윤 선생님 말씀에 공감합니다.

선생님 소개 후에는 '선생님이 좋아하는 학생'을 알려줍니다. "선생님은 친구를 칭찬하는 학생, 친구가 속상할 때 위로해 주는 학생을 좋아합니다." 아이들 눈을 바라보며 힘주어 이야기합니다. 아이의 마음 밭에 친구를 칭찬하고 위로해 주는 행동 씨앗을 뿌리듯이요. 이 씨앗이 자라나 좋은 학급 분위기 형성에 큰 힘을 발휘합니다.

그리고 아이들 소개 시간을 갖습니다. "저는 1학년 ○반 ○○○입니다." 미리 학부모님께 보내는 입학식 안내 문자에 자기소개 연습을 안내했기 때문에 제법 씩씩하게 소개합니다.

4   안내장(가정통신문) 배부하기

입학식 당일 배부하는 여러 장의 안내장은 미리 스테이플러로 묶고 우체통이라 부르는 A4 파일에 넣어 아이들 책상 위에 올려둡니다. 1학년을 처음 맡으신 선생님들께서 놀라시는 것 중 하나가 "안내장을 뒤로 넘기는 게 안 돼?"입니다. 네, 안 됩니다. 안내장을 뒤로 넘기라고 하면 맨 앞의 아이가 몇 장씩 다 가지거나, 뒤 아이들에게 직접 한 장씩 나누어주는 뒷목 잡을 일이 생깁니다. 그러니 여러 장의 안내장을 배부하는 3월에는 미리 묶어두세요.

제가 입학식 날 배부한 유인물은 다음과 같습니다. 학교마다 가입학식 날에 미리 배부하는 서류도 있으니 참고하세요.

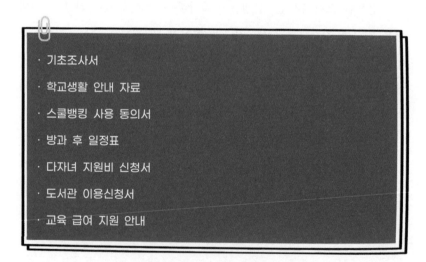

- 기초조사서
- 학교생활 안내 자료
- 스쿨뱅킹 사용 동의서
- 방과 후 일정표
- 다자녀 지원비 신청서
- 도서관 이용신청서
- 교육 급여 지원 안내

5 하교 지도하기

미리 학부모에게 연락받은 하교 방법에 따라 아이들을 방과 후, 돌봄(늘봄), 하교하는 학생 등의 여러 줄로 서게 합니다. 그리고 방과 후 실무사님, 돌봄 전담사와 협의해 둔 순서에 따라 해당 아이들을 인솔한 후, 나머지 하교하는 학생들을 데리고 교문으로 갑니다. 신발장에 실내화를 넣으면서 제 신발장 자리를 확인하게 하는 것도 잊지 마세요.

교문에서 부모님이 보이더라도 선생님께서 이름을 부르기 전까지 뛰쳐나가지 않도록 하는 것도 교실에서 미리 지도해야 할 일 중의 하나입니다. 선생님이 이름을 부르면 부모님과 만나고, 선생님 확인을 받은 후 하교하도록 합니다. 학생 명단을 끼운 클립보드와 핸드폰을 꼭 챙기세요. 아이들 얼굴은 낯설고 아이마다 하교 방법이 다르기에 명단에 체크해야 하고요, 보호자나 학원 차가 오지 않는 일도 있어 연락할 일이 생기니까요.

차근차근 입학 적응기

1 입학 둘째 날 아침 시간

입학 선물로 산 그림책을 학생들 책상 위에 미리 놓아둡니다. 아이들은 등교하면 책상에 놓인 그림책을 읽습니다. 아침 시간은 조용히 책을 읽는 시간임을 둘째 날부터 당연하게 받아들이게 합니다. 숨을 헐떡이며 교실에 들어선 천방지축 아이도 조용한 분위기에 적응해야 함을 본능적으로 느낍니다. 몇몇 아이들은 가지고 온 유인물, 준비물을 내놓겠다고 질문할 겁니다. "나중에 냅니다. 지금은 책 읽는 시간이에요."라고 속삭이듯 말해주세요.

2 안내장 회수하기

아이들이 모두 등교하면 전날 배부한 안내장을 회수합니다. 1학년을 맡은 첫해에는 고학년들에게 하듯 안내장을 내라고 했는데 며칠째 몇 학생이 제출하지 않는 거예요. 학부모에게 전화해서야 아이가 안내장을 가방 안에 사흘이나 넣어 다녔다는 걸 알게 되었습니다. 선생님의 설명을 들으면서도, 친구들이 제출하는 것을 보면서도 몇 아이들은 그 것이 안내장인 줄 몰랐던 거죠. 안내장을 한 장도 놓치지 않고 회수하는 방법을 알려드려요. 이렇게 지시해보세요.

1. 가방 안에 있는 우체통을 꺼내어 책상 위에 두세요.
2. 우체통 안에 있는 종이를 모두 꺼내세요.
3. 번호를 부르면 그 종이를 들고 앞으로 나오세요.

3월에 아이들을 출석 번호순으로 앉게 하면 좋은 점이 많아요. 앞 아있는 순서인 번호순으로 아이를 불러 안내장을 받으시면 취합하기 수월하고 아이들도 출석 번호에 익숙해집니다. 누가 안내장을 내지 않았는지 즉시 알 수 있고, 가방 안에 우체통을 넣어두고 꺼낼 줄 모르는 아이, 우체통이며 안내장이 무엇인지 모르는 아이를 콕 집어 지도할 수 있습니다.

한 명씩 안내장을 내는 사이에 나머지 아이들은 무엇을 할까요? 강박적으로 시간을 촘촘하게 사용하시는 선생님은 아이들이 활동을 쉬고 있는 것이 불편하실 거예요. 사실 제가 그랬거든요. 나머지 아이들에게 색칠하기 학습지라도 주어야 할 것 같고요. 하지만 1학년 아이들에게는 친구들을 보며 기다리는 시간이 곧 배움의 시간입니다.

3 아침 루틴 익히기

학급의 분위기를 결정하는 아침 루틴은 참 중요합니다. 그래서 입학 다음 날부터 실천해야 할 중요한 아침 루틴 몇 가지를 아이들에게 알려줍니다. 아래 아침 루틴이 익숙해지면 한 가지씩 늘려갑니다.

1. 교실 뒷문으로 조용히 들어와 선생님께 공수 인사하기
2. 가방을 책상 왼쪽 걸이에 걸기
3. 읽고 싶은 그림책을 골라와서 조용히 읽기

설명에 그치지 말고 학생 한 명을 지목하여 시범을 보이게 합니다. 가방을 메고 등교하는 시늉을 하면서 말이죠. 흥미진진한 놀이를 보듯 아이들은 집중하여 봅니다. 그리고 "내일 등교하면 오늘 배운 대로 할 수 있어요?"라고 물어보세요. 우렁찬 목소리와 비장한 눈빛, 아이들은 온몸으로 대답할 거예요.

4 학교생활 일과 알기

등교, 아침 활동, 수업 시간과 쉬는 시간, 점심시간, 하교까지의 일과를 알려줍니다. 특히 3월 내내 아이들이 물어볼 점심시간과 하교 시간은 아날로그 시계 그림을 출력하여 붙여두면 좋습니다. 아이들이 또 물어보면 선생님은 그림을 가리키시면 됩니다.

학교에서는 '등원, 하원'이라고 하지 않고 '등교, 하교'라 부르고, 수업을 '1교시, 2교시…'라고 부르는 것도 알려주세요. 아이들은 '교시'라는 말을 발음하기 어려워하더군요. 1교시를 '1교실'이라고 꽤 오랫동안 말하는 1학년입니다.

일주일 시간표만 부착해 두면 무슨 과목, 몇 쪽을 공부할지 알고 책을 펴는 고학년과 달리 1학년은 오늘 몇 교시에 어떤 과목을 공부하는지 매일 칠판에 적어 알려주는 것이 나았습니다. 칠판 왼편 작은 화이트보드에 과목과 쪽수를 적어두고 아침 독서를 마친 후에 자세히 설명해 주었습니다.

5 │ 시간표 짜기

2주간의 입학 적응 기간은 말 그대로 초등학교 생활에 익숙해지는 시기입니다. 시간표를 어떻게 짜면 좋을지 궁금하실 거예요. 종일 적응 활동만 하기에는 지루할 테니까요.

하루 4교시의 수업 중 두 시간은 선생님께서 구성한 내용(42쪽 '입학 적응 활동' 참고)이나 입학 적응 활동 교재 등으로 학교생활 익히기, 한 시간은 꾸미기나 만들기, 한 시간은 그림책 읽어주기와 학급 놀이로 진행했습니다. 처음 시작되는 5교시에는 블록 놀이나 친교 놀이를 하며 친구들과 놀이하는 시간으로 운영했습니다.

6 급식 지도

3월의 급식 시간은 선생님들께 매우 긴장되는 시간입니다. 배식 받는 일, 식판을 들고 자리까지 이동하는 일이 3월의 1학년에게는 도전적인 일이거든요. 3월 첫 주 급식은 영양 선생님 또는 전담 선생님들께 도움을 청하시면 좋습니다.

교실에서 실제로 배식 받는 것처럼 아래와 같이 연습합니다. 급식실 출입이 가능하다면 급식실에서 한 번 더 연습해봅니다.

> 의자 뒤에 서기 → 숟가락, 젓가락을 집어서 한 손에 쥐기 → 식판 들기 → 옆으로 이동하기 → 반찬을 받을 때는 작은 동그라미를 조리사님 쪽으로 향하게 하기 → 밥과 국을 받을 때는 식판을 반대로 돌리기 → 식판 양 끝쪽의 가운데를 꽉 잡고 이동하기 → 잔반을 한 군데에 모으기 → 일반 쓰레기 및 잔반 버리기 → 수저와 식판 정리하기

힘이 약한 1학년 아이들은 식판 양 끝의 가운데를 잡지 않으면 국물을 흘리기 쉬우니 강조해주세요.

3월에는 급식 메뉴를 보고 주의해야 할 점을 미리 알려주시는 것이 좋아요. 알레르기 있는 음식은 받지 않기, 양념은 비벼서 먹기, 간식은 밥을 다 먹은 후 먹기, 음료수 뚜껑 열기는 스스로 시도해 보고 안되면 선생님 도움받기 등도 알려주세요.

아이들이 뜯지 못하는 가공품 포장지를 잘라주기 위해 아예 가위를 들고 계시는 선생님, 흘리고 묻힌 아이들 뒷정리를 도와주느라 겨우

몇 숟갈 뜨시는 1학년 선생님들! 한 달만 기다려 주세요. 3월이 지나면 1학년 선생님도 좀 더 편하게 식사하실 수 있답니다.

7 서랍과 사물함 정리하기

입학식 날 안내한 준비물들을 2~3일에 걸쳐 가져오게 합니다. 그리고 한 시간을 확보하여 책상 서랍과 사물함에 물건을 정리하는 법을 익힙니다.

우선 서랍, 사물함, 바구니, 파일 꽂이(또는 북엔드), 빗자루, 쓰레받기 등의 명칭부터 배웁니다. 1학년 아이들은 책상 서랍과 사물함, 이 두 가지도 헷갈린답니다. 선생님이 말하는 장소, 물건을 가리키는 놀이를 하면서 명칭에 익숙해지게 합니다.

가지고 온 준비물들이 가방에 그대로 들어있는 상태에서 선생님은 한 가지씩 지시를 합니다.

(종합장을 보여주면서) "종합장을 꺼내세요."

(책상 서랍을 가리키며) "책상 서랍 왼쪽에 넣어요."

(색연필과 사인펜을 보여주면서) "색연필과 사인펜은 책상 서랍 오른쪽에 넣으세요."

"바구니를 꺼내세요."

"바구니 안에 양치 도구를 넣으세요."

"사물함이 위에 있는 1번, 3번, 5번···. 친구들 일어서세요." (사물함이 위에 있는 친구들, 아래에 있는 친구들을 동시에 보내지 않아요.)

"바구니와 파일 꽂이를 사물함에 넣고 오세요."

"사물함을 여닫을 때 친구 머리에 부딪히지 않도록 조심합니다."

"공책 두 권과 빗자루 세트를 선생님에게 냅니다."

털실로 미니 빗자루와 쓰레받기에 각각 고리를 만들어서 책상 가방걸이에 걸 수 있도록 했습니다. 그리고 열 칸 공책은 이름표 스티커를 붙여 제가 보관하다가 사용할 때마다 배부했습니다. 얇은 공책이 교과서 사이에 끼어 공책이 찢어지거나, 공책을 찾지 못해 서랍을 뒤져야하는 일이 많았거든요.

8 그림책 읽어주기

그림책을 읽어주시는 1학년 선생님이 많으십니다. 저도 입학 적응기간에는 매일 한 권씩 읽어주었고 이후에도 수업과 관련된 그림책을 자주 읽어주었습니다. 학생 수가 적은 학급은 실물 그림책으로, 아이들이 많다면 실물화상기로 책을 비추어 읽어주세요.

그림책을 읽어주는 순간, 소란스럽던 아이들도 이야기 속으로 쏙빠져듭니다. 참 신기한 일입니다. 특히 점심시간이 끝나고 어수선한 오후 수업 시간에 그림책을 읽어주면 툭 나왔던 아이들의 입은 들어가고눈빛이 초롱초롱해지는 마법이 일어납니다. 기대하셔도 좋아요.

9 꾸미기 활동

입학 적응 기간에는 하루 4시간 수업 중 한 시간은 꾸미기 활동을 준비해 주세요. 아이들은 그리기, 만들기를 참 좋아하죠. 표현 욕구도 채우고 소근육도 발달시킬 수 있습니다. 다만 **1학년에게 적절한 수준의 활동으로 준비해 주시고 완성도 있게 해내는 힘을 키우도록 해주세요.** 가위질이 서툰 학생들도 있습니다. 유치원에서 하던 습관대로 "선생님이 해주세요."라고 말하는 학생이 있는데 **"선생님이 다 해줄 수는 없어. 이만큼은 네가 하고 이만큼은 선생님이 해줄게."**라고 말해주시면 아이의 가위질 실력도 점점 늡니다.

10 개인 · 단체 사진 촬영하기

1학년은 개인 사진을 나이스에 올려야 하고 수업 자료나 만들기에도 사진이 종종 쓰이기 때문에 학기 초에 예쁘게 찍어두면 좋습니다. **처음 찍는 학생에게 어떤 자세와 표정으로 찍는지 시범을 보이게 하면 수월하게 찍을 수 있습니다.**

단체 사진을 교실에서 찍는다면 교실 뒤 게시판을 배경으로 해서 3줄로 찍으면 안정감 있게 보입니다. 학생들을 키 큰 학생, 중간 학생, 키 작은 학생으로 대략 분류해 둡니다. 교실 뒤쪽 공간을 마련한 후 중간 키 학생들의 의자를 둘째 줄에 배치합니다. 중간 키의 학생들을 자기 의자에 앉게 하고, 키 큰 학생들을 의자 뒤에 세우고 키 작은 학생들을 의자 앞 교실 바닥에 앉게 하면 거의 다 되었습니다. 그리고 '치즈~ 김치~ 엉덩이~'를 외치며 아이들의 웃는 표정을 담아보세요.

11 점심 먹고 산책하기

동 학년 선생님들과 협의하여 입학 후 3주까지는 급식 후에 아이들을 먼저 교실로 보내지 않았습니다. 아이들만 교실에 갔을 때 일어날 수 있는 안전사고의 위험이 가장 큰 이유이고요, 3주 동안 복도에서 뛰지 않기, 양치질하기, 점심시간에 안전한 놀이하기 등의 습관이 몸에 배도록 지도하기 위함입니다. 급식을 빨리 먹은 학생들에게는 그날 배운 손 유희 연습을 시켰어요. 작은 목소리로 노래를 흥얼거리고 손가락을 꼬물거리는 귀여운 아이들의 모습을 볼 수 있답니다.

아이들이 기다리는 것은 힘들어했지만 다 함께 교실로 돌아오는 길에 학교 안 곳곳을 산책하는 것은 참 좋아했습니다. 함께 줄 서서 걸어가는 것이지만, '산책'이라 이름을 붙였거든요. 천천히 걸으며 이른 3월에 피는 봄꽃도 함께 보고, 예쁜 사진도 찍었습니다. 교내 여기저기 길에 그려져 있는 사방치기, 달팽이 길을 따라가며 콩콩 뛰었고요. 이 산책이 좋은 기억으로 남았는지 나중에는 먼저 교실에 가도 되는데도 일부러 선생님을 기다리며 "같이 산책해요." 하는 아이들이 많았습니다.

12 입학 적응 활동

입학 적응 활동 교재에 있는 내용 이외에 제가 추가하여 지도했던 내용은 다음과 같습니다.

1. 일과 알기

2. 아침 루틴 연습하기

3. 줄 서기

4. 쉬는 시간에 할 일

5. 급식 지도, 급식소 예절 익히기

6. 음수대 이용법

7. 화장실 사용하는 법

8. 우리 반 규칙, 수업 규칙 만들기

9. 쓰레기 분리배출하는 방법

10. 교실 물건 사용하는 법

11. 목소리 크기 조절하기

12. 우유 마실 때 조심할 것

13. 청소하는 법(책상 위 지우개 가루, 책상 밑 자기 자리)

14. 연필이 없을 때 어떻게 할까요?

15. 주변에 물건이 떨어져 있을 때 어떻게 할까요?

16. 친구에 대해 선생님께 말할 때는 어떻게 할까요?(고자질 지도)

17. 돈, 물건을 서로 주고받아도 될까요?

18. 놀이는 왜 할까요?

19. 친구가 나를 때리면 어떻게 할까요?

20. 내 마음 전달하기(I message)

21. 행감바(행동-감정-바람), 인사약(인정-사과-약속) 연습하기

13 3월 주말 과제

과제를 주었을 때 가장 잘해오는 시기는 3월입니다. 이 기회를 놓치지 마시고 1학년들이 스스로 해야 할 아래의 일들을 하나씩 주말 과제로 내주세요.

1. 우산 접고 펴기

2. 외투 입고 벗기(지퍼, 단추)

3. 목도리, 장갑을 스스로 벗어 정리하기

4. 상처 밴드를 스스로 붙여보고 쓰레기는 쓰레기통에 넣기

5. 물병 뚜껑 여닫기

6. 우유팩이나 음료수 뚜껑 열기

7. 연필 깎고 필통 정리하기

8. 가방 정리하기

9. 신발 가지런히 정리하기

10. 휴대폰 끄고 켜기(있는 사람만)

11. 부모님 전화번호 외우기

12. (여학생) 머리핀 스스로 꽂기

04 손 유희와 집중 놀이로 1학년 마음 뺏기

'1학년 선생님'이라고 하면 아이들과 율동하는 모습이 먼저 떠오릅니다. 저도 1학기, 특히 입학 초기에는 아이들과 손 유희를 많이 했습니다. 1학년 아이들은 집중을 유지하는 시간이 짧아서 손 유희와 집중 놀이가 큰 도움이 되었고, 손 유희나 집중 놀이 자체가 배움 활동이었습니다. 1학년 아이들이 좋아했던 손 유희와 집중 놀이 몇 가지를 소개합니다.

1 칙폭 놀이

선생님이 '칙'이라고 말하면 학생은 '폭', 선생님이 '폭'이라고 말하면 학생들은 '칙'이라고 반대로 말하는 놀이입니다. 단순하고 재미있으면서 아이들을 한 번에 집중시키는 놀이입니다. 다양한 응용 버전이 있습니다. 다음의 예시를 보고 변형하여 재미있게 놀이하세요.

2 손가락 보고 박수 치기

선생님이 보여주는 손가락 수만큼 박수를 치는 간단한 놀이입니다. 선생님은 1부터 5까지 손가락을 펼쳐 보여주다가 적절한 타이밍에 숫자 0(주먹)을 보여줍니다. 다양한 상황에서 할 수 있고 특히 공개수업 전, 종소리를 기다리는 짧은 시간에 아이들의 집중력을 끌어올릴 수 있는 놀이입니다.

1단계 - 손가락 수만큼 박수 치기

2단계 - 1 더하기 박수(손가락 수에 1을 더하여 박수 치기)

3단계 - 1 빼기 박수(손가락 수에 1을 빼어 박수 치기)

3 보글보글 짝짝 지글지글 짝짝

제가 초등학교 때 했던 '보글보글'이 지금의 1학년에게도 통합니다. 난도가 약간 높기에 아이들이 도전적으로 임합니다. '보글, 지글'은 냄비가 끓는 모양과 소리를 흉내 내는 말입니다. '보글'은 양 손바닥을 위로 향한 후 '잼잼'하고, '지글'은 손바닥을 뒤집어 '잼잼'하는 동작을 합니다. '연지'는 양 검지로 양 뺨을 찍고, '곤지'는 양 검지로 이마와 턱을 찍습니다. '흔들고'는 양팔과 상체를 흔들고, '찌르고'는 오른손 검지로 하늘을 찌르는 시늉을 합니다.

> ♪♪♪♪ ♩ ♩ / ♪♪♪♪ ♩ ♩ / ♪♪ ♩ ♪♪ ♩ / ♪♪♪♪ ♩ ♩
> 보글보글 짝 짝 / 지글지글 짝 짝 / 보글 짝 지글 짝 / 보글지글 짝 짝
> 연지연지 짝 짝 / 곤지곤지 짝 짝 / 연지 짝 곤지 짝 / 연지곤지 짝 짝
> 흔들고흔들고 짝 짝 / 찌르고찌르고 짝 짝 / 흔들고 짝 찌르고 짝 / 흔들고찌르고 짝 짝

4 숲속 작은 집 코알라

학급에 장난꾸러기가 있는지 확인할 수 있는 율동 놀이입니다. 노래 가사를 한 글자씩 생략해서 부르는 규칙을 알고도 일부러 소리를 내는 아이들이 있거든요. 이 노래는 총 네 번 반복하여 부르는데 첫 번째는 가사 중 '코알라'를 다 부르고 두 번째는 '코'를 묵음합니다. 세 번째는 '코'와 '알'을, 마지막 네 번째는 '코, 알, 라' 모두 묵음합니다.

"이건 엄청 어려운 율동인데 우리 1학년이 할 수 있는지 봐야겠어." 한껏 잘 해내겠다는 의지를 끌어올린 후 하셔야 합니다. 성공하면 우리 반 친구들에게 규칙을 지키는 힘이 있다고 힘껏 치켜세워 주세요.

먼저 가사를 보여주고 노래를 익힙니다. 유튜브를 보면 다양한 버전의 노래와 율동이 있는데, 저는 다음의 짧은 버전으로 율동했습니다.

<가사>

숲속 작은 집 코알라 / 아무것도 모르는 코알라 / 코! 알! 라!

<율동>

숲속 작은 집: 왼손, 오른손으로 집 모양을 만들기

코: 양 손가락 끝을 겹쳐 손바닥이 나를 보게 한 후 코를 터치하기

알: 양손으로 양어깨 짚기

라: 양손으로 허리 짚기

아무것도: 왼손 흔들기

모르는: 오른손 흔들기

<규칙>

1회 - 가사 모두 부르기

2회 - 가사 중 '코' 소리 내지 않기

3회 - 가사 중 '코, 알' 소리 내지 않기

4회 - 가사 중 '코, 알, 라' 소리 내지 않기

5 | 핫도그 아줌마 & 햄버거 아저씨

빵빵 터지는 웃음을 원한다면 이 노래와 율동을 해보세요. 선생님
께서 우스꽝스럽게 과장하여 율동하시면 아이들이 배꼽을 잡고 까르르
웃는답니다. 가사를 먼저 익힌 후 동작을 하나하나 가르쳐 주세요. 유튜
브에서 율동 영상을 찾을 수 있어요.

6 | 곰 다리 네 개, 새 다리 두 개

난도 높은 손 유희도 하나쯤 해보아야죠. 다른 율동처럼 빨리 익히
지는 못하지만, 집중력과 협응력을 키울 수 있습니다. 제 손가락이 제
맘대로 되지 않는 1학년의 귀여운 모습도 볼 수 있어요. 유튜브에서 검
색하시면 동작을 찾으실 수 있습니다. 다만 '모두 합쳐 여섯 개'에는 여
러 가지 버전이 있는데 다음의 쉬운 동작을 알려주세요.

<율동>

곰 다리: 양손 엄지손가락 내밀기

네 개: 엄지손가락을 제외한 양 손가락 네 개를 펼쳐 내밀기

새 다리: 양손 새끼손가락 내밀기

두 개: 양 손가락 브이 하여 내밀기

모두 합쳐: 양손을 마주 보게 하여 빙그르르 돌리는 동작

여섯 개: 손가락으로 6을 만들어(한 손은 다섯 손가락, 한 손은 엄지손가
락) 앞으로 내밀기

7 | 가라사대 놀이

집중 놀이가 뜸해진 2학기에도 가끔 "가라사대 해주세요!"라고 할 정도로 아이들이 참 좋아하는 집중 놀이입니다. 역시 '고전은 영원하다!'라는 말이 맞아요.

쇼맨십이 없는 선생님께서도 걱정하지 마시고 꼭 시도해 보세요. 우리 1학년들의 엄청난 리액션이 선생님을 유능한 놀이 강사로 만들어 주니까요.

이 놀이의 규칙은 선생님이 문장 앞에 '가라사대'를 붙여 말하면 그 동작을 아이들이 하고, '가라사대'라는 말을 붙이지 않은 동작은 아이들이 하지 않는 것입니다. 처음에는 '가라사대'를 계속 붙이다가 자연스럽게 '가라사대'를 빼고 말하면 아이들이 깜빡 속아 동작한답니다. 동작을 틀린 아이들을 따로 탈락시키지 않고 크게 한번 웃은 후 계속 놀이합니다.

처음에는 시나리오를 보고하셔도 좋습니다. 하다 보면 요령이 생겨서 상황에 맞게 아이들을 속이기 위한 대사가 떠오릅니다. 그리고 놀이를 진행하면서 일부러 틀린 동작을 보여주시면 잘 속지 않는 아이들을 유인할 수 있습니다.

<시나리오>

가라사대 왼손 올려, 가라사대 오른손 올려, 만세!

가라사대 손 머리, 가라사대 손 눈, 가라사대 손 귀, 코!

가라사대 차렷, 가라사대 열중쉬어, 차렷!

가라사대 일어서, 가라사대 앉아, 일어서!

8 | '섬 바다' 집중 놀이

입학 적응 기간의 놀이는 간단한 규칙에, 대형을 만들지 않고 쉽게 할 수 있는 놀이가 좋아요. 이종대왕 선생님 유튜브 영상에서 소개한 이 놀이는 우리 1학년에게 안성맞춤인 놀이에요. 아이들이 정말 좋아하니 꼭 해보세요.

아이들은 의자 뒤에 섭니다. 선생님이 '섬'이라고 말하면 그대로 서 있고 '바다'라고 말하면 오른쪽으로 한 발짝만큼 이동하는 간단한 놀이입니다. 한 발짝 이동하는 위치를 미리 알려주어 옆 친구와 부딪히는 일이 없도록 해주세요.

규칙에 따라 잘 이동했을 때는 성공을 기뻐하고, 틀렸더라도 크게 한번 웃고 탈락 없이 놀이에 참여할 수 있으니 이 얼마나 좋은 놀이인가요! 이 놀이에 숙달되면, '섬'과 같은 첫소리를 가진 낱말인, '산, 신', '바다'와 같은 첫소리의 낱말 '바지, 바구니'를 외치시면 아이들이 속아서 자리를 이동하는 바람에 교실이 웃음바다가 됩니다.

＜시나리오＞

섬, 섬, 섬, 바다!

바다, 바다, 바다, 산!

섬, 섬, 섬, 바구니! 바지! 바람개비!

9 하나에 차렷, 둘에 열중쉬어

급식소에서 줄 서서 기다릴 때 대기 시간이 자주 생깁니다. 1학년 아이들은 지루함에 장난을 치기 시작하죠. 이때 줄 선 대형에서 가볍게 할 수 있는 집중 놀이가 있어요. '섬 바다' 놀이를 변형한 것으로 선생님이 '하나' 외치시면 학생들이 차렷 동작을, 선생님이 '둘' 하면 학생들이 열중쉬어 동작을 하는 규칙입니다. '하나, 둘' 구령을 외치는 속도를 느리게 했다가 빠르게 하고, 헷갈리도록 구령을 붙이면 더 재미있어집니다. "하나, 하나, 하나~ 하나! 둘~ 둘~ 둘! 하나!" 이 놀이 덕분에 기다리는 시간도 즐거워집니다. 다만, 주변에 다른 반이 없을 때 살짝 해야 합니다.

10 디비디비딥 집중 놀이

교실에서도 줄 서서 대기하는 시간에도 할 수 있는 놀이입니다. 줄 서 있을 때는 앞뒤 친구와 서로 닿지 않도록 간격을 조금 넓힌 후 놀이해야 합니다.

'디비디비' 구호를 다 같이 외친 후 '딥!' 소리와 동시에 선생님과 학생 모두 세 가지 동작 중 하나를 합니다. 세 가지 동작은 코브라 동작, 주먹 모으기 동작, 날개를 펼치는 동작입니다. 선생님과 같은 동작을 하면 탈락합니다. 교실에서는 탈락자를 자리에 앉게 하여 마지막 승자를 가릴 수도 있고, 줄 서서 할 때는 탈락자 없이 계속 진행하면 됩니다.

11 집중의 박수

많은 선생님들께서 아래의 집중 박수를 사용합니다.

- 선생님: 1학년 / 학생: 1반 짝짝짝!
- 선생님: 집중의 박수 / 학생: 짝짝!

처음에는 신나게 박수 치던 아이들도 이 박수가 익숙해지면 선생님을 보지도 않고 힘없이 박수를 치지요. 그런데 창원 용남초 김지아 선생님께서 알려주신 이 방법을 사용하니 모든 아이들이 눈을 크게 뜨고 선생님을 바라보았습니다. 이름값 하는 진짜 '집중의 박수', 방법을 알려드릴게요.

선생님이 "집중의 박수"라고 말하며 손가락으로 숫자를 보여주면, 아이들은 선생님이 보여준 손가락 수만큼 박수를 치는 거예요. 여기서 재미 요소 한 가지를 더해서 둘은 천천히 짝짝, 셋은 빠르게 짝짝짝, 다섯은 짝짝(천천히), 짝짝짝(빠르게) 박수 치기로 약속해 둡니다.

손가락 약속

아이들이 선생님 앞에 와서 갑자기 '브이'를 합니다. 사진을 찍는 것도 아닌데 말이죠. 사실 아이들이 한 '브이'는 선생님과의 손가락 약속 때문이에요. 종일 폭풍 질문을 받는 1학년 선생님께도, 부끄러워 말로 표현하기 힘들어하는 아이들에게도 도움이 되는 손가락 약속 몇 가지를 소개합니다.

1 화장실에 가고 싶을 때 '브이'

요즘 아이들은 의사 표현을 잘하는 편이라 '용변 실수하는 아이들이 있을까?' 싶지만 의외로 모범생 아이들이 용변 실수를 하는 일이 있습니다. 수업 시간에 말 못 하고 참다가 일이 나는 거죠. 그래서 저는 입학하자마자 수업 시간에 용변이 급하면 꼭 말해야 한다고 당부하고 손가락으로 '브이' 모양을 하라고 알려줍니다. 수업 방해도 되지 않고 아이들도 크게 말해야 하는 부담이 없어서 좋고요, 손가락 브이를 하는 아이들 모습이 귀엽기까지 해서 더욱 좋습니다. 다만, 수업 시간에만

'브이' 하라고 했는데 쉬는 시간에도 선생님 앞에 와서 '브이' 하네요. 덕분에 아이와 눈 맞춤 한 번 더 할 수 있었어요.

2 │ 친구가 나와 같은 의견을 발표했을 때 '반짝반짝'

친구가 나와 같은 답을 발표하면 1학년 아이들도 실패의 쓴맛을 봅니다. 게다가 실패 경험이 적은 1학년이기에 부정적인 감정을 참기 힘들어하죠. 소리 내어 '아~'하는 탄식이 절로 나옵니다. 이 단점을 보완하기 위해 '나도 발표'(같은 의견일 때 '나도'라고 말하기)를 사용하기도 하지만 누가 '나도'라고 했는지 쉽게 알 수 없고 수업 진행에 방해가 되기도 합니다.

친구가 나와 같은 생각을 발표하면 손을 들어 '반짝반짝' 흔드는 이 방법을 동 학년 선생님 공개수업에서 보며 '유레카'를 외쳤습니다. 손을 흔드는 동작은 아이들이 쉽게 용기 낼 수 있고, 선생님도 한눈에 알아보기 쉬워서 적극적인 수업 참여를 끌어낼 수 있어요.

선생님께서 "○○이도 같은 생각이구나."라고 덧붙여 주시면 많은 아이가 성공의 기쁨을 맛볼 수 있습니다.

책 『모두가 참여하는 수업에는 법칙이 있다』에서 한형식 선생님은 "나도 '~이다.'라고 생각했던 사람은 손드세요.", "슬기로운 머리, 칭찬하세요."라고 하여 같은 의견을 가진 학생들을 찾아서 인정해 준다고 하셨습니다.

3 손 내리기 신호 '손을 아래로'

　1학년은 발표를 정말 하고 싶어 합니다. 그래서 선생님이 발표를 시켜주지 않는다며 속상해하는 아이가 많아요. 어떤 아이는 폭발하기 직전의 표정을 지으며 온몸으로 화를 표현하기도 합니다.

　쉬는 시간에 아이를 불러 이야기합니다. "선생님은 너의 발표를 듣고 싶어. 하지만 선생님이 못 시켜줄 때도 있어. 수업은 너와 선생님 둘이 하는 게 아니라 20명의 친구와 함께 하기 때문이야. 네가 발표를 몇 번 하고도 계속 손을 들면 선생님이 이렇게 손을 내리는 시늉을 할 거야. 그러면 선생님의 마음을 알아채고 손을 내리자. 선생님이 시켜줄 수 있을 때는 또 시켜줄게. 그리고 쉬는 시간에도 들어줄게." 하늘을 향해 찌르듯 손을 들던 아이도 선생님의 손 내리기 신호를 보면 선생님과의 대화가 떠오르는지 훨씬 수월하게 마음을 가라앉힙니다.

4 힘들 때 비밀 신호 '손가락 열 개'

　두 부류의 학생에게 이 비밀 신호를 약속했습니다. 첫 번째는 ADHD 학생입니다. 말판 놀이를 하다가 아이가 작은 목소리로 "힘들어요."라고 했습니다. 저는 그 아이에게 "그럼 이렇게 바꿔서 한 번 더 해 보자." 하고 넘어갔습니다. 그런데 몇 분 후 그 아이가 크게 화를 냈습니다. ADHD 아이들은 감정을 조절하지 못할 때가 있는데 제가 미처 알아채지 못했던 거예요. 그래서 참기 힘든 일이 생기면 선생님에게 와서 손가락 열 개를 보여달라고 했습니다. 이제 아이는 붉으락푸르락한 얼굴로 선생님에게 와서 손가락 열 개를 펼칩니다. (화가 난 정도에 따라 스무 개, 서른 개도 됩니다.) 아이의 이 모습을 보면 선생님은 화가 나지 않아요. 아이가 화를 참고 선생님과 한 약속을 지키려고 애쓰는 노력이 눈에 보이기 때문이죠. 이후로는 이 손가락 신호 덕분에 아이의 힘듦을 미리 알고 제때 도와줄 수 있었습니다.

두 번째는 ADHD 학생과 짝이 된 친구입니다. 짝이 된 후 부정적인 감정을 그대로 드러내는 아이도 있지만, 걱정스러운 표정을 지으면서도 아무 말 하지 않는 아이도 있습니다. 그런 아이에게 일대일로 만나 이야기해 줍니다.

"○○와 짝이 되어서 걱정되니? △△도 짝꿍 했는데 한 달 동안 아무 일도 안 일어났어. 오히려 잘 지내는 거 봤지? 너도 잘 지낼 거야. 그런데 혹시나 친구가 화낼 것 같고 불안하면 선생님에게 손가락 열 개를 보여줘! 그러면 선생님이 바로 달려갈게." 실제로 손가락 열 개를 보여준 일은 적었지만 밝아지는 아이의 표정에 저도 마음이 놓였습니다.

06

일 년 가는 아침 루틴

안정된 학급인지 아닌지를 단번에 알아볼 수 있는 장면 중 하나는 단연, 아침 시간입니다. 등교한 아이들이 각자의 일을 알아서, 차분히 하는 학급은 안정된 학급이자 평화로운 학급입니다. 이러한 학급 분위기를 하루라도 빨리 만들기 위해 입학식 다음 날, 아침 루틴 몇 가지를 익히게 하세요. 1학년들은 매일 반복되는 루틴이 있을 때 더욱 안정감을 느끼므로, 요일별 변하지 않는 루틴을 만들기를 추천합니다. 우리 반의 아침 루틴을 소개해 드릴게요.

1 선생님과 공수 인사하기

아이들은 열려있는 교실 뒷문으로 등교합니다. 앞문을 드르륵 열고 들어오면 아침 활동을 하는 아이들에게 방해가 되기 때문이에요. 등교한 아이들은 선생님과 공수 인사합니다. 뜀박질하느라 헐떡이는 숨과 함께 등교한 아이들도 조용한 교실 분위기를 눈치채고 공손히 손을 모으며 "안녕하세요?" 인사합니다.

"오늘 즐겁게 지내자." 선생님도 아이 눈을 바라보며 함께 공수 인사합니다. 최근 마음 쓰이는 일이 있었던 학생이나 생활 지도가 필요한 학생은 손을 잡고 짧은 대화를 나눕니다.

"우리 ○○, 오늘 아침 기분이 어때?", "오늘 좋은 하루 보내자." 이렇게 마음을 물어봐 주고 기대하는 행동에 관해 이야기를 나누면 그날 아이의 행동이 조금 나았습니다.

칠판에는 날짜와 간단한 아침 활동을 적어둡니다. 1학기에는 '1. 공수 인사하기 2. 그림책 읽기' 정도만 적어 학생들이 실천하기 쉽게 했습니다. 공수 인사 후 아이들은 제자리로 가서 가방을 걸어 정리합니다. 그리고 '안내장 내기'가 칠판에 적혀 있을 때는 정해진 위치에 제출물을 냅니다.

2 | 아침 독서하기

늦지 않게 등교한 아이들은 최소 10분 이상 책을 읽을 수 있습니다. 다른 것은 하지 않고 책만 읽습니다. 그런데 책을 안 보는 아이에게는 어떻게 말하면 좋을까요?

"지금은 아침 시간이야."라고 말합니다. '떠들지 마. 시끄럽다.' 등의 부정적인 말이 아닌 지금 해야 할 일을 상기시키는 말을 해줍니다. 그리고 책을 잘 읽고 있는 아이들 이름도 불러줍니다. 선생님께 하고 싶은 말이 있는 학생은 조용히 앞으로 나와 선생님에게 소곤소곤 이야기하게 합니다.

3 아침 모임(생활 지도)

10분 독서 시간이 끝나면 "책을 정리하세요."라고 한 후 아침 모임 시간을 갖습니다. 1학년 교실이라면 이 시간을 꼭 확보하세요. 초등학교 생활이 처음인 우리 1학년들은 모르는 것도, 궁금한 것도 많으니까요.

먼저 한 명씩 돌아가며 맡는 '오늘의 반장' 학생의 구령으로 전체 인사를 하고 날짜를 함께 읽습니다. 오늘 누가 무슨 일로 결석했는지 알려주고, 결석 후 등교한 학생은 박수로 환영합니다.

이어서 생활 지도 시간을 갖습니다. 수업 시간에 바르게 앉기, 친구와 사이좋게 지내기 등 최근의 학급 분위기, 우리 반에서 있었던 일을 반영하여 이야기하고요. 책 읽기의 중요성, 유튜브 중독 예방 등 한 번쯤 시간을 내어 짚고 넘어가야 할 다양한 영역의 생활 지도를 합니다. 1학기에는 이 시간이 길어져 1교시 수업 시간까지 넘어가기도 했지만, 무엇보다 중요한 공부니까요. 1학년이 제법 초등학생다워진 2학기에는 이 시간도 금방 끝나게 됩니다.

4 아침 모임(일과 안내)

오늘 일과를 설명해 주는 시간입니다. 칠판 왼편에 적어둔 '오늘의 일과'에 대해 아이들은 궁금한 게 많기에 이 시간을 기다려 선생님께 질문할 수 있습니다.

"오늘은 4교시 하는 날입니다. 1교시는 국어, 2교시는 수학, 연산 문제 풀기를 할 거예요. 3교시에는 줄넘기를 합니다. 점심시간에는 양치를 한 후 도서실에 다녀올 수 있어요. 오늘 4교시에는 친구 사랑 교육을 합니다." 이렇게 오늘 일과에 대해 간략한 설명을 하고 아이들의 궁금증도 풀어줍니다. 칠판에 적어둔 과목 옆에는 교과서 쪽수를 적어둡니다. 이렇게 설명해 두면 매시간 "다음 시간 뭐해요?"라고 묻지 않고 교과서를 쪽수에 맞게 펴두는 똑똑한 1학년이 됩니다.

5 긍정 확언 외치기

아침 루틴의 마지막은 '긍정 확언하기'입니다. 긍정 확언은 어제보다 성장한 나의 모습을 그려보며 '성장 마인드셋'을 갖게 합니다. 스탠퍼드 대학의 심리학과 교수 캐럴 드웩은 40년 동안 성공한 사람들을 연구하며 그들의 성공의 비밀을 밝히고자 했는데, 그의 결론은 성공한 사람과 실패한 사람을 가르는 핵심 요인이 '마인드셋'에 있다는 것이었습니다. '성장 마인드셋'을 가진 사람은 늘 성장할 수 있다고 믿고, 더 많이 배우고 싶다는 욕구를 갖습니다. 도전을 받아들이고 역경에 맞서 싸웁니다.

그래서 1학년 아이들과 함께 외칩니다. "나는 내가 **정말 좋다**.", "나는 **점점 나아진다**." 두 긍정 확언을 매일 번갈아 외쳤습니다. 손끝 박수, 손날 박수, 주먹 박수, 손목 박수, 손등 박수 등 뇌 발달을 자극하는 다양한 박수와 함께 외치면 이 또한 재미있는 놀이가 된답니다.

나는 (짝짝) 내가 (짝짝) 정말 (짝짝) 좋다 (짝짝)

나는 내가 (짝짝짝짝) 정말 좋다 (짝짝짝짝)

나는 내가 정말 좋다 (짝짝짝짝 짝짝짝짝)

공수 인사부터 긍정 확언까지 아침 루틴을 정해 일 년 내내 유지해 보세요. 정돈된 아침을 맞이한 아이들은 차분한 하루, 성장하는 일 년을 보내게 됩니다.

07

옆 반도 부러워하는 우리 반 줄 서기

고학년 담임을 주로 맡으면서 줄 서기 지도는 '이 정도면 됐다'라고 생각했습니다. 고학년은 소란스럽다가도 선생님의 '찌릿'하는 눈빛이나 불호령 같은 구령에 칼같이 줄을 맞출 수 있으니까요. 줄 서면서 다투는 일은 별로 없으니까요.

그런데 1학년들에게는 줄을 서고 이동하는 일이 쉬운 일이 아니었습니다. "줄 서세요."라고 하면 주섬주섬 옷을 한세월 입고 있는 아이, 폴짝폴짝 뛰고 있는 아이, 외투 주머니에 손을 넣은 후 뒤로 만세를 하다가 옆 친구를 툭 쳐서 다투는 아이까지. 옆 반 선생님께서 보실까 낯부끄러울 때가 많았습니다.

1 '하나 둘 셋' 줄 서기

1학년을 두 번째 맡은 해에는 줄 서기 지도를 제대로 하기로 마음먹었습니다. 『허남수의 초등수업』의 저자 허남수 선생님께 배운 줄 세우기 방법을 실천해 보았습니다.

허남수 선생님의 줄 서기 방법은 선생님이 '하나, 둘, 셋' 숫자를 셀 때 학생들이 약속된 줄 서기 동작을 차례로 하는 것입니다. 저는 1학년 학생들이 더욱 쉽게 줄을 서도록 약속을 살짝 변형했습니다.

줄 서기 전에는 모두 제자리에 앉아있습니다. 선생님이 "하나"를 외치면 학생들은 의자를 밀어 넣고 의자 뒤에 섭니다. "둘" 하면 왼쪽 줄에 서는 학생들이 나와 순서대로 줄을 섭니다. "셋" 하면 오른쪽 줄에 서는 학생들이 줄을 섭니다.

2 | 줄 서기 규칙 네 가지

'하나 둘 셋'에 맞춰 줄을 선 후에는 허남수 선생님이 지도하신 네 가지 규칙을 지켜 이동합니다.

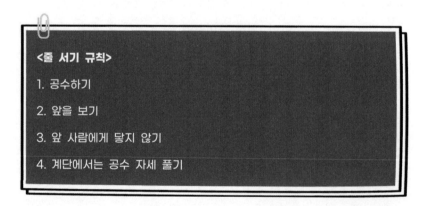

<줄 서기 규칙>

1. 공수하기
2. 앞을 보기
3. 앞 사람에게 닿지 않기
4. 계단에서는 공수 자세 풀기

1학년은 걸어가면서도 손과 발이 가만있지 않습니다. 발은 폴짝폴짝, 손은 팔랑팔랑합니다. 물론 두세 명의 아이가 이렇게 걸어가는 모습은 너무나 귀엽지만 20여 명의 1학년이 이렇게 걸어가면, "친구가 밀어요." 하는 신고가 들어옵니다. '누가 그랬냐, 어쩌다 그랬냐, 아팠겠다, 사과하자.'까지 다툼 해결을 하다 보면 급식소 가는 길이 산 넘어 물 건너 고개를 넘는 길이 되고 맙니다.

이 줄 서기 규칙을 지켜 공수 자세로 걸으면 손도 발도 차분해져 실수로라도 친구를 치지 않습니다. 아이들은 앞 사람과의 거리를 보고, 몸이 닿지 않게 걸을 수 있게 됩니다.

3 줄 서는 시간 확보하기

3월에 줄 서기를 잘했던 학급도 4월이 되면 줄 서기 규칙을 어기는 학생이 한두 명씩 생깁니다. 또 3월에 줄 서기를 잘 지도했던 선생님도 4월이 되면 고삐를 느슨하게 풀게 되는데 그 이유는 시간에 쫓겨 줄을 서기 때문이에요. 3월에는 학교 적응 기간으로 줄 서는 데 충분한 시간이 있지만, 교과 수업이 시작된 4월에는 시간을 확보하기가 어렵습니다. 급식 시간에 맞춰 가야 하는 선생님의 마음은 분주하고 흐트러지는 줄을 보면서도 슬쩍 넘어가는 일이 생깁니다. 아이들은 선생님의 기준이 낮아졌음을 자연히 알아채고야 맙니다. 바쁘면 기본을 챙기기 어려워지니, 급식 전 수업 시간의 교과나 차시를 조정하여 되도록 줄 서는 시간을 확보하도록 노력합니다.

4 다시 돌아가기

백 마디 말보다 한 번의 행동이 효과적입니다. 아이들이 줄을 제대로 서지 않을 때는 이동 중에라도 다시 교실로 돌아가 처음부터 다시 줄 서기를 한두 번만 해보세요. '줄을 제대로 서야겠다.' 아이들은 몸으로 느낍니다. 단, 누구누구 때문이라고 지명하면 친구를 탓하는 분위기가 생기니 조심해야 해요.

4, 5월이 되면 3월의 긴장감이 사라지면서 줄도 따라 흐트러집니다. 3월처럼 다시 줄 서기를 연습하는 시간을 가져보세요. '하나, 둘, 셋' 구령에 따라 어떤 동작을 해야 하는지 다시 점검합니다. 복도를 줄 서서 이동하고, 계단도 한 계단씩 안전하게 잘 걸어 '합격'을 받는 시간을 가집니다. 바른 줄 서기는 곧 안전한 학교생활과 직결되니까요.

08

손들고 말하기

　고학년 교실에서 '손들고 말하기'는 당연한 규칙이며 때로는 손들고 말하지 않아도 학생과 선생님의 대화, 학생과 학생의 대화가 순조롭게 진행됩니다. 하지만 3월의 1학년 교실에서는 20여 명의 학생이 동시에 선생님에게 말하는 듯한 장면이 연출됩니다. 아마 1학년을 가르쳐 보신 선생님은 피식 웃음이 나실 거예요.

　1학년 학생들은 순간 떠오르는 말을 참기 어려워합니다. 게다가 제 이야기가 매우 중요하다고 생각하여 꼭 발표하고 싶어 합니다. 발표를 시켜주지 않는다며 화를 내는 아이들이 생각보다 많답니다. 아이들의 발표 욕구를 이해하지만, 한 명 한 명의 말을 듣기 위해서는 손을 들고 차례를 지켜 발표해야 한다는 것을 알려주세요. 발언권을 얻은 후 말해야 하고 수업 시간에 장난스레 아무 말이나 해서는 안 된다는 것을 꼭 가르쳐 주세요.

1 손들고 말하기

『수업으로 단련한다』의 저자 노구찌 요시히로는 말하고 싶은 바를 자유롭게 말할 수 있는 교실이어야 하지만, 다음을 경계해야 한다고 말했습니다. 제멋대로 떠드는 아이를 웃는 낯으로 받아들이고 그대로 두는 교실은 친절하지도, 따뜻하지도 않고 비교육적이라고 주장합니다. 이 말이 처음에는 불편하게 느껴졌지만 울타리가 없는 1학년 교실 수업을 경험해본 후, 통제된 수업 환경은 좋은 수업을 위한 필수 조건임을 알게 되었습니다.

그래서 1학년 입학 적응 기간부터 '손들고 말하기' 훈련을 시작했습니다. 쉬운 질문을 주고 '손들고 말하기'를 연습합니다.

"좋아하는 음식이 무엇인가요?"라는 질문에 모든 학생이 손을 듭니다. 선생님이 지명한 학생이 발표합니다. '질문 – 거수 – 지명 – 발표' 이 과정이 익숙해지도록 다양한 질문을 주며 연습합니다. 그리고 일부러 수업에 관련 없는 이야기를 하는 아이에게는 "수업과 관련 없는 말입니다."라고 단호하게 말합니다.

2 한 문장으로 말하기

발표할 때 물어보지도 않은 예전 경험까지 주저리주저리 말하는 학생이 있습니다. 그 순간 학생들의 집중력은 흩어지고 여기저기서 웅성거리기 시작합니다. "짧게 말해야 듣는 사람이 잘 들을 수 있어요. '~했어요.' 한 문장으로 말해봅시다."라고 알려줍니다.

3 아직은 손들지 않아요

선생님이 말씀하실 때, 그리고 친구가 발표하고 있을 때는 손들지 않아야 합니다. 선생님 말씀을 경청하다가 선생님 말씀이 끝나면 손을 듭니다. 이 규칙을 깜빡 잊고 손드는 학생이 있으면 수신호로 손을 내리도록 알려줍니다.

친구가 발표할 때도 경청해야 합니다. 친구를 바라보고 '친구의 생각은 어떠한지, 나와 같은지 다른지'를 생각하며 듣습니다. 내 생각과 같으면 '반짝반짝' 손을 흔드는 수신호를 보냅니다. 같은 내용은 발표하지 않는 정돈된 수업이 됩니다.

4 선생님이 되어 봅시다

"내가 아까부터 손들었는데 선생님은 내 이야기 안 들어줬잖아요!"

"쟤는 왜 두 번 발표해요?"

"내가 먼저 손들었는데요."

"선생님에게 꼭 말하고 싶어요."

우리 반 1학년들이 실제로 한 말입니다. 아이들에게 발표 규칙을 설명했음에도 몇 아이들은 불만을 터뜨립니다. 이렇게 속상해하는 아이에게는 선생님이 되어 느껴보도록 했습니다.

발표시켜주지 않는다고 화내는 학생을 앞으로 나오게 합니다. 많은 학생이 동시에 손을 들었기에 아이의 눈이 휘둥그레집니다. 자신처럼 불만을 쏟아 내는 친구들의 말을 듣고 어쩔 줄 몰라 합니다.

"여러분, 선생님이 발표를 못 시켜주면 어떻게 하면 좋을까요?"

"이해할 수 있어요."

"쉬는 시간에 선생님께 말해요."

선생님이 되어 직접 경험해 본 아이들은 답을 찾아냅니다.

5 쉬는 시간에 선생님에게 말해요

이렇게 반복하여 지도하면 꼭 발표하겠다며 고집을 피우던 대부분 학생이 '다른 친구들도 발표해야 하는구나!', '손을 들어도 발표를 못 할 수 있구나'라고 이해하게 됩니다.

하지만 유독 그 과정이 오래 걸리는 학생에게는 숨 돌릴 틈을 주었습니다. 느린 학습자는 교실 상황을 잘 이해하지 못하고, 고집이 센 학생은 마음으로 잘 받아들이지 못하니까요.

그래서 발표를 너무 하고 싶은 친구는 살짝 앞에 나와서 선생님에게 귓속말해도 된다고 틈을 주었어요. 또는 "쉬는 시간에 선생님이 꼭 들어줄게."라고 이야기해 주었습니다.

수업 마치는 종이 칠 때 발표가 이어지는 상황이라면 발표를 더 하고 싶은 학생만 한 줄로 서게 했습니다. 수업도 마무리하고 학생들의 발표 욕구도 충족시켜 줄 수 있었습니다. 아이들이 이야기하고 싶은 진짜 상대는 바로 우리 반 선생님이니까요.

09

1학년이 만드는 학급 규칙

 십 년 전만 해도 낯설었던 낱말, '수업 방해'가 지금은 학교 현장에서 겪고 있는 가장 큰 문제가 되었습니다. 『수업 방해』의 저자 한스 페터 놀팅은 수업 방해 예방은 수업을 시작하기 전부터 시작되어야 하며, 학급 질서를 조직하는 규칙이 가장 중요한 키워드라고 말합니다.

 규칙은 행동 규칙과 절차 규칙으로 구분할 수 있습니다.[1] 행동 규칙은 사회적인 행동에 대한 본질적인 기대로, 예의나 공손함, 배려심과 갈등 없는 협동심 등 '예의 바른 행동'을 뜻합니다. 다음의 '우리 반 행복 규칙'이 곧 행동 규칙의 역할을 합니다.

 절차 규칙은 수업에서 자주 일어나는 상황에 적용하는 구체적인 과정으로 수업이 언제 시작하며, 활동을 마치면 무엇을 해야 하고, 수업 규칙을 어기는 학생은 어떻게 해야 하는지 등의 세세한 내용을 다룹니다.

 소 잃고 외양간 고치는 사후약방문(死後藥方文)이 아닌, 미리 튼튼하게 만들어 교실의 안전한 울타리가 되어준 학급 규칙을 만들고 실천한 이야기를 전해드릴게요.

---

1) Rules and Procedures, Classroom management, Doyle(1986), Everstson et al.(2000)

1 우리 반 행복 규칙

먼저 "우리 반이 어떤 반이 되기를 바라나요?" 물어보았습니다. '행복한 반, 즐거운 반, 웃는 반'의 의견이 나왔고 그중 '행복한 반'이 뽑혔습니다. 다음에는 "행복한 반이 되려면 우리는 어떻게 해야 할까요?"라고 물어보았습니다. 유치원에서 이미 사회생활을 몇 년 한 아이들이기에 "저를 놀리는 친구가 있어서 힘들었어요." 등의 경험을 이야기하며 여러 가지 의견을 발표했습니다. 이렇게 이야기를 나누면서 많은 학생이 동의한 5가지를 우리 반 행복 규칙으로 정했습니다.

> **<우리 반 행복 규칙>**
> 1. 같이 놀아요.
> 2. 가르쳐주어요.
> 3. 칭찬하고 위로해요.
> 4. 놀리는 말, 나쁜 말 하지 않아요.
> 5. 싸우지 않아요.

우리가 만든 행복 규칙을 출력하여 교실 앞에 일 년간 게시했습니다. 학급 규칙을 함께 만드는 이유는 우리가 원하는 반을 만들기 위한 책임감을 갖기 위해서입니다. 아이들이 잘할 때는 행복 규칙을 가리키며 칭찬해 주었고, 다툼이 있을 때도 행복 규칙을 가리키며 우리가 원하는 모습을 다시 떠올리게 했습니다.

2 우리 반 수업 규칙

'수업 방해'하는 학생들이 본격적으로 드러나기 전, 즉 교과 수업이 시작되기 전에 수업 규칙을 만들었습니다. 앞서 언급했듯이 수업 방해 예방은 수업 시작 전에 시작되어야 하기 때문입니다.

우선 '손들고 발표하기, 다 함께 말해야 할 때는 먼저 말하지 않기, 같은 대답은 여러 번 하지 않기' 세 가지 수업 규칙은 정해주었습니다.

그리고 1학년 교실의 수업 상황을 예상하여 아이들에게 쉬운 질문부터 주었습니다. "수업은 언제 시작하나요?", "교과서는 언제 펴둘까요?", "활동을 다 마치면 무엇을 할까요?"

그리고 1학년 교실에서 곧 일어날 수업 방해 행동에 대한 질문을 던졌습니다. "수업 시간에 돌아다니거나 방해하는 행동을 한다면 어떻게 할까요?"라는 질문에 아이들은 "선생님이 이름을 부르고 그래도 또 한다면 사물함 앞에 서 있어요."라는 의견에 입을 모았습니다. "수업 시간에 물건을 만지작거리며 장난을 친다면 어떻게 할까요?"라는 질문에는 "선생님이 물건을 가져갔다가 집에 가기 전에 줍니다."라고 규칙을 정했습니다.

3월에는 웬만한 규칙을 다 지킬 수 있을 것 같은 자신감 가득한 시기라 아이들은 지나치게 엄격한 규칙을 제안하기도 합니다. 선생님은 아이들이 제안한 규칙을 현실 가능한 수준으로 조정해 주시면 됩니다.

<우리 반 수업 규칙>

· 수업 시간에 돌아다니거나 방해되는 행동을 한다면?

 - 선생님이 이름 부르기, 사물함 앞에 서 있기

· 물건을 만지작거리며 장난을 친다면?

 - 선생님이 가져갔다가 집에 갈 때 주기

· 활동을 먼저 마치면 무엇을 할까요?

 - 그림책을 읽어요.

3 타임아웃 연습하기

타임아웃은 수업 규칙을 어겼을 때 교실 내 지정 자리로 이동하고, 수업을 참관할 수는 있으나 참여할 수는 없는 페널티입니다. 아이들이 타임아웃 규칙을 제 손으로 만들었을 때(수업 시간에 방해되는 행동을 한다면 사물함 앞에 서 있기), 저는 마음속으로 '옳지, 걸려들었구나.'라고 생각했습니다.

수업 규칙을 만든 후에는 연습하는 시간을 가졌습니다. 막상 사물함 앞에 서게 되거나, 물건을 압수당하게 되면 부끄럽기도, 억울하기도 해서 규칙에 따르려 하지 않는 아이들이 있거든요. 그러면 우리가 만든 규칙은 무용지물이 되고 선생님의 권위는 떨어질 수 있어요. 제가 만난 첫 1학년 교실처럼요.

"우리가 만든 규칙을 연습해보자. 수업 시간에 떠드는 척해 볼 사람?" 타임아웃을 처음 겪어보는 1학년이기에 놀이처럼 시작했습니다. 웃으며 타임아웃 놀이한 후에는 진지하게 이야기해 줍니다.

"타임아웃은 우리 모두를 위한 일이야. 수업 방해를 하는 학생은 그 행동을 멈출 수 있고, 나머지 학생은 재미있는 수업을 계속할 수 있으니까. 선생님이 이름을 한 번 부를 때 그 행동을 멈추려고 노력하고, 한 번 더 부르면 사물함 앞에 서서 행동을 반성하자. 5분 뒤에 다시 제자리로 돌아올 수 있어."

1학년에게 처음 타임아웃을 적용할 때 마음이 많이 불편했습니다. 1학년에게 과한 벌이라고 생각했거든요. 그런데 1학년을 만난 후 타임아웃은 우리 반 모두를 위한 것임을 알게 되었습니다. '타임아웃'은 아이가 제 잘못을 알아차리고 방해 행동을 멈출 수 있는 '브레이크'가 되어주었습니다. 우리 반 아이들의 수업권을, 선생님의 교권을 지켜주는 보호막이 되어주었습니다.

4 수업 규칙 상기시키기

선생님과 학생은 매일 수업으로 만납니다. 수업 규칙을 지키면 우리의 만남이 평화롭고 아름답지만, 수업 규칙을 지키지 않는다면 우리의 만남이 불편해집니다. 평화로운 만남을 위해 선생님은 일관성 있게 규칙을 적용하여 지도하시고 학생들에게 수업 규칙을 자주 상기시키셔야 합니다.

저는 아침 모임 시간에 우리가 만든 수업 규칙을 읽는 시간을 가졌습니다. 안 지켜지는 규칙이 있을 때는 "이건 우리가 만든 규칙이야. 어떤 규칙이 안 지켜지고 있지? 어떻게 하면 좋을까?" 물어보았습니다. 이렇게 반복하자 규칙으로 다그치는 교실이 아닌, 규칙을 잘 지켜서 칭찬을 받는 교실이 되었습니다.

1학년 쉬워지기

통제와 사랑

사랑의 시선이 가득한 SNS 속 선생님들을 보면 아이들의 마음을 알아주는 따뜻한 선생님이 되고 싶습니다. 질서 있게 척척 잘 굴러가는 옆 반을 보면 학급을 잘 통제하는 능력자 선생님도 되고 싶습니다. 두 가지 모습을 모두 가지고 싶은 선생님은 욕심쟁이일까요?

학부모도 마찬가지예요. 선생님이 우리 아이를 따스한 눈으로 바라보는 사랑 가득한 분이기를 바라는 동시에 질서와 통제가 있는 학급의 모습을 기대합니다.

우리 욕심내어 봅시다. 두 가지의 모습을 모두 갖춘다면 가장 행복해질 사람은 바로 선생님이니까요.

1 당연한 일에는 설명이나 설득하지 않기

제가 육아를 시작하던 2010년대 초반부터 십여 년이 흐른 지금까지도 '마음 알아주기'가 유행하고 있습니다. 아이가 속상해할라치면 "네 마음이 속상하구나." 공감부터 해주고 일일이 설명하고 설득하는 부모들이 많습니다. 담임교사에게 "우리 아이 마음을 물어봐 주고 알아주세요."라고 부탁하시는 학부모님도 있으시고요. 그런데 과도한 마음 알아주기로 인해 고집을 부리는 아이들이 많아지고 1학년 생활 지도가 힘들어졌다는 의견이 힘을 얻고 있습니다.

오유진 작가님은 『책아 놀자: 책 읽는 아이의 놀라운 자존감』 책에서 초등학교 저학년까지는 아이에게 설명이나 설득 없이 그저 해야 하니까 하는 일의 리듬을 만들어 주어 세상에 적응하는 방법을 익히게 해야 한다고 말합니다. 살아가며 지켜야 하는 규칙과 질서가 몸에 배지 않은 영유아에게 자꾸 무엇을 선택하고 구별하게 하면 예민하고 까칠해진다고요.

1학년에게 기본 규칙과 질서를 지도할 때는 설명이나 설득을 하지 말아야 합니다. "수업 시간에는 자리에 앉는 거야. 교실에서는 뛰지 않는 거야. 친구를 때리면 안 돼." 그저 단호하게 말씀하세요. 따르지 않고 반항하는 1학년들은 '내버려 두기' 하세요.

저는 1학년을 맡은 첫해에는 규칙을 따르지 않는 아이에게 이유를 묻고 설득했습니다. 그런데 1학년은, 선생님의 공감에 위로를 받고 선생님의 설명을 이해하는 고학년과 달랐습니다. 선생님이 마음을 알아주는 것을 '제 생각이 옳다'는 것으로 받아들였고, 기고만장한 자세로 선생님과 힘겨루기를 하며 선생님을 시험에 들게 했습니다.

조선미 교수님께서 말씀하시길 '자아의 힘'은 아이가 기분이 상한 걸 참는 데서 비롯된다고 합니다. 당장은 단호하게 지도하는 선생님 마음이 불편하실지라도, 아이는 이 과정을 통해 내면의 힘을 키워 단단한 아이가 될 수 있습니다. 선생님께서 지도하고자 하는 의도를 분명히 일러주시면 아이들은 '선생님이 나를 위해서 그러시는구나.' 이해합니다.

단호한 선생님 모습에 아이가 처음에는 화내고 고집부리고 울더라도, 나중에는 선생님에게 와서 "선생님, 미안해요.", "선생님, 사랑해요."라고 감동의 말을 전한답니다.

2 친절하지만 단호한 선생님

"선생님은 엄청 무서운데, 또 엄청 좋아요." 1학년 저희 반 아이들이 저에게 한 말입니다. 이 표현이 1학년 언어의 '친절하지만 단호한 선생님'이라고 생각해요. 바른 행동에는 친절하지만 바르지 않은 행동에는 단호하게 지도하는 선생님이 되세요. 아이의 좋은 행동을 찾아 많이 칭찬해 주시고 나쁜 행동은 하지 않도록 분명하게 말해주세요.

규칙을 어기는 학생을 대하실 때는 카리스마 있게 지도하세요. 고함을 지르거나 화를 내지 않아도 됩니다. 단호한 눈빛, 단호한 손동작으로 말할 때 아이들에게 더 잘 전달됩니다.

3 긍정형 문장으로 말하기

"아침 시간에 떠들지 마!", "떠들면 혼난다."라는 부정형의 말을 들으면 반감이 생기고 절로 변명하고 싶어집니다. 긍정형 문장으로 이렇게 말해보세요.

"지금은 아침 독서 시간이야.", "조용히 합니다." 짧고 단호한 긍정형 말이 다른 불필요한 감정을 일으키지 않아 행동 교정에 효과적입니다. 또한 다른 아이들에게도 덜 방해가 됩니다. 벌칙보다 규칙을 강조하는 데 힘써주세요.

4 문제 행동하는 아이의 마음을 얻어라

문제 행동이 잦은 아이의 마음은 쉽게 얻기 힘듭니다. 부정적 피드백에 익숙한 아이들이기에 선생님의 굳은 표정만 보아도 '또 혼나겠네'라는 자동적인 생각을 하게 됩니다. 그래서 되레 "안 했다고요. 쟤도 했어요."라며 먼저 화를 내기도 해요.

저는 그 아이들이 좋은 행동을 할 때, 조금이라도 성장한 모습을 보일 때 의도적으로 칭찬했습니다. '우리 선생님은 나를 칭찬해 주시네. 칭찬받을 때 칭찬받고 혼날 때 혼나는구나.'라는 생각을 가질 수 있게요. 문제 행동이 잦은 아이의 마음도 칭찬과 함께 다가가면 얻을 수 있었습니다.

5 그건 선생님이 정하는 거야

아이들을 존중한다고 해서 결정해야 할 일마다 아이들의 의견을 묻지 마시기 바랍니다. 때마다 아이들에게 물어보고 결정에 따르시면 반 분위기를 주도하는 아이들에게 학급의 일이 휘둘리게 되고 나아가 선생님의 통제력이 힘을 잃을 수 있습니다.

"그건 선생님이 정하는 거야." 학생의 의견에 따라 정하는 일, 학생의 의견을 듣고 선생님이 정하는 일, 그리고 선생님이 결정하는 일이 있다는 것을 알려주세요.

6 | 사랑의 표현

무심한 척하면서도 세심하게 챙겨주는 '츤데레' 스타일의 사랑 표현이 인기가 많죠? 사람의 마음은 비슷한가 봅니다. 단호하고 엄한 선생님이 보여주시는 사랑 표현이 아이들에게도 제대로 효과를 발휘하니까요.

바른 수업 태도, 예의 바른 자세, 친구들과 사이좋게 지내는 아이들 모습에 기분이 좋으실 때 아이들에게 그 마음을 몇 배로 불려 표현해 보세요. "선생님이 우리 반의 바른 수업 태도에 감동했어!" 하고 간식 선물도 주시고 아이들이 좋아하는 체육수업도 해주시고요.

가끔씩은 낯간지러운 칭찬으로 아이들을 행복하게 해주세요. "선생님은 우리 반이 너무 좋아. 어쩜 이렇게 멋진 친구들이 모여 있어?" 아이들의 입꼬리가 올라가고 수업도 훨씬 즐거워집니다.

'우리 반은 칭찬해 줄 게 없어요'라고 생각하시는 선생님은 이렇게 일부러 칭찬해 보세요. 아이들이 예뻐서 칭찬하는 게 아니라, 칭찬하는 만큼 아이들이 예뻐진다는 비결도 꼭 알게 되시길 바랍니다.

단호한 선생님의 태도는 안전한 울타리가 있는 교실을 만듭니다. 사랑을 표현하는 선생님은 아이들의 마음을 사로잡습니다. 단호한 선생님이면서 사랑을 표현하는 욕심쟁이 선생님이 되어 보세요.

1학년 지도 원칙 5가지

1 하나씩, 천천히, 구체적으로 알려주어라

2장 34쪽 '안내장 회수하기'에 안내한 것처럼 아이들에게 활동을 지시할 때는 프로그램 코딩하듯 세분화한 단계를 하나씩 알려줘야 합니다.

수업 중 활동을 안내할 때도 먼저 머릿속에서 단계별로 활동을 나누어봅니다. 아이들이 수행하는 시뮬레이션을 돌려본 후 한 단계씩 지시합니다. 책상 대형을 바꿀 때는 한 줄씩 이동을 도와줍니다. 손 씻으러 갈 때도 한 분단씩 출발시킵니다.

저는 1학년을 가르치면서 말과 말 사이에 쉼을 두고 꽤 천천히 말하게 되었습니다. 천천히 말해야 1학년이 잘 알아들을 수 있고 선생님도 생각하면서 말할 수 있거든요. 잠시 말을 멈추어도 괜찮습니다. 1학년은 참 잘 기다려 주는 아이들이니까요.

그리고 구체적으로 지시해야 합니다. 예를 들어 "바르게 앉으세요."보다는 "무릎을 선생님 보게 하세요.", "허리를 쭉 폅니다."라는 말이 즉각적인 행동으로 이어집니다. "일어서세요."보다는 "의자 뒤에 서세요."라고 말하면 아이들이 의자를 집어넣고 정확한 위치에 섭니다.

"집중하세요."라는 말보다는 "선생님 눈을 바라보세요."라고 지시하면 아이들의 눈이 선생님을 향하게 됩니다.

② 확인하고 기다려라

이번에는 선생님께서 기다리실 차례예요. "우체통을 꺼내세요."라고 했을 때 모든 학생이 동시에 우체통을 꺼내고 있을 것이라 기대하지 마세요. 재빠르게 우체통을 꺼내는 아이도 있지만, 바닥에 철퍼덕 앉아서 가방 지퍼를 '세월아 네월아' 여는 아이도 있고요, "선생님! 우체통이 없어요!" 하는 아이, 선생님 말씀을 못 듣고 딴짓하는 아이도 있습니다. 이때 많은 학생이 우체통을 꺼내는 것 같다고 해서 다음으로 넘어가서는 안 됩니다. 아이들을 관찰하면서 모든 학생이 우체통을 꺼내기까지 기다려 주세요. 그 단계 행동을 수행하지 못하는 학생은 선생님께서 직접 우체통이 무엇인지 알려주고, 우체통을 꺼내도록 개별 지도합니다. 한 명도 빠짐없이 한 단계를 클리어하면 다음 단계로 넘어갑니다. '내가 대신해 주고 말지.' 하시면 선생님이 매번 도와주셔야 할 거예요.

고학년 가르치듯이 '빨리 진행하면 아이들이 눈치껏 따라오겠지.'라고 생각해서는 안 됩니다. 기다림 한 모금, 바라봄 한 모금, 따뜻한 차 마시듯이 확인하고 기다려 주세요.

3 | 학생들 자리에서 검사하라

예전에 1학년 교실을 지나가다 흘낏 보면 담임 선생님께서 한 줄로 선 학생들의 공책을 검사하고 계셨습니다. 하지만 저는 이렇게 해보니 여러 단점이 있었습니다.

첫째, 먼저 검사를 받으려고 많은 아이들이 활동을 서두릅니다. 활동을 서두르다 보니 자연히 글씨는 날아다니고 활동의 완성도가 떨어집니다. 둘째, 검사를 받은 아이들이 교실을 돌아다녀서 소란해집니다. 한 번 일어선 아이들은 시동 켠 자동차가 되거든요. 셋째, 줄 서서 다투거나 장난치는 학생이 꼭 있습니다. "선생님, 얘가 새치기했어요.", "쟤가 날 밀었어요." 1학년의 신고는 접수에서 사건 완료까지 처리할 일이 너무 많아서 배보다 배꼽이 더 커지는 상황이 됩니다. 그리고 넷째, 선생님은 검사하는 한 아이에게 집중하기 힘듭니다. 줄을 선 학생, 검사받은 후 돌아다니는 학생까지 관찰해야 하니 CCTV 여러 개를 동시 모니터링하는 것과 같아요. 다섯째, 다음 활동으로 넘어가는 데 시간이 걸립니다. 여러 아이가 일어선 상황에다가 소란해진 분위기 때문입니다. 아이들은 검사받고 나면 마치 수업이 끝난 것처럼 느끼기 때문에 선생님은 "자리에 앉으세요."라고 여러 번 주의 환기를 시켜야 해요.

그래서 저는 웬만한 검사에는 직접 출동합니다. **"선생님이 확인하러 갑니다."**라고 말한 후 칭찬 도장이나 **빨간 색연필**을 들고요. 책상 대형을 'ㄷ'자로 배치하면 선생님께서 이동하면서 검사하기에 수월합니다. 이렇게 출장 검사를 하면 검사받는 한 명 한 명에게 집중하고 칭찬도 해줄 수 있어요. 과제를 다 못한 학생은 뛰어넘고 검사한 후, 한 바퀴 다 돌고 난 후에 마저 검사합니다.

4 수업 참여도를 확인하라

『수업 방해』 책의 저자 한스 페터 놀팅은 교사가 수업 참여도와 학업 성취를 확인하는 일을 '책임 원칙'이라 부르고 강조합니다.

"다 쓴 사람 손 들어보세요. 공책을 들어 선생님에게 보여주세요. 시간 더 필요한 사람 있나요?" 수업 참여도를 확인하는 말입니다. "한 명씩 오늘 배운 자음 소리를 낼 수 있는지 확인하겠습니다." 학업 성취를 확인하는 말입니다. 이렇게 하면 딴청을 피우려는 학생들이 꼼짝없이 수업에 잡혀들어옵니다. 학생들이 손을 드는지, 공책을 보여주는지 선생님께서 확인하시니까요.

손을 안 든 학생이 있을 때는 이름을 불러 재차 확인합니다. "○○, 다 했나요?" 짝의 도움으로 해결할 수 있는 일은 "짝 △△가 도와주세요." 이렇게 도움말을 줍니다. 다만, 난도가 높은 내용의 개별 학업 성취도를 확인하는 일은 조금 더 세심해야 합니다. 학습 목표 달성을 어려워하는 학생, 부끄러움이 많은 학생은 개별적으로 쉬는 시간에 확인해도 좋습니다.

5 책상에는 아무것도 없게 하라

1학년 아이들에게는 지우개 같은 학용품도, 마스크 같은 생필품도 장난감이 될 수 있습니다. 1학년은 네임펜 두 자루의 뚜껑을 엮어서 총을 만들고 마스크에 구멍을 내어 혀를 날름거리기도 하는 상상력 대장들이거든요.

그래서 입학 적응 기간부터 책상에 아무것도 올려두지 않는 연습을 합니다. "책상 위에 아무것도 없게 하세요. 필통은 서랍 안에 둡니다. 물병도 올려두지 않습니다."

　책상 위에는 교과서만 펴도록 합니다. 연필과 지우개도 서랍 속 필통에 두었다가 사용할 때 꺼내라고 해도 좋습니다. 그래도 수업 중에 물건을 만지작거리며 장난을 치는 아이가 있다면, 수업 규칙에 따라 물건을 선생님이 가져갔다가 하교할 때 줍니다.

1학년 집중력 키우기

1 빠른 활동 전환

믿기지 않으시겠지만 1학년 교실에서는 한 명의 아이도 선생님을 바라보지 않는 때가 옵니다. 주의집중 구호를 여러 번 외쳐도, 바른 태도를 강조하며 다그쳐도, 아이들의 집중력이 돌아오지 않아요. 그럴 때는 현재의 활동을 잠시 보류하고 아이들의 관심을 끄는 다음 활동으로 빠르게 전환해 보세요. 한 차시에 준비한 활동이 2~3개라면 놀이나 움직이는 활동을 먼저 합니다. 그 활동을 하면서 앞의 내용을 보완할 수 있고요. 준비한 다른 활동이 없다면 퀴즈, 몸으로 말해요, 선생님 이야기 등 평소 우리 반이 좋아하는 활동으로 재구성하여 진행하기를 추천합니다.

2 선생님 목소리 조절

평소에는 일부러라도 크지 않은 목소리로 수업하세요. 선생님의 목

90

소리가 크면 아이들의 목소리도 덩달아 커지면서 교실은 소란스러워지기 쉬워요. 그리고 아이들이 애쓰지 않아도 선생님의 목소리가 잘 들리기 때문에 집중력이 좋아지지 않아요.

오히려 선생님이 작은 목소리로 말씀하시면 아이들은 경청합니다. 그리고 아이들의 집중력이 낮아질 때 목소리를 갑자기 크게 하거나 속삭이는 등 변화를 주세요. '무슨 일이지?' 교실의 변화를 느낀 아이들이 선생님께 집중한답니다.

3 침묵 주의집중

몇 학생들의 장난이나 딴짓으로 수업 분위기가 흐트러질 때는 침묵으로 기다려보세요. 1학년도 바뀐 교실의 분위기를 느낄 수 있어야 합니다. 먼저 알아챈 아이들은 다른 친구들에게 신호를 주기도 합니다. (3장_7. '서로 협력하는 학급 만들기'에서 친구가 속상할 때 위로하기를 강조했기 때문에, 친구를 구박하며 눈치 주지는 않아요.) 늦게 알아차린 학생들은 친구들에게 미안해하지요. 선생님의 감정과 에너지 소모를 줄이며 학생들을 집중시킬 수 있는 이 방법은 아이들이 학교생활에 어느 정도 적응한 후에 사용하세요.

학생들 모두 잠시 눈을 감게 하여 수업 태도를 지도한 후 다시 수업을 이어가는 것도 매우 효과적입니다.

4 집중하는 학생 칭찬하기

"선생님 눈을 잘 바라보는 학생이 있어요." 이 말에 아이들의 눈이 선생님을 향하고, 아이들의 자세는 바르게 고쳐집니다. 칭찬을 받고 싶어 하는 우리 1학년들이기에 이름을 밝히지 않는 칭찬에도 아이들의 집중력은 좋아집니다.

"바른 자세 한 ○○○ 학생이 발표하세요." 아이들의 집중력도 향상시키고 발표자 지명도 할 수 있는 일석이조의 방법입니다. 바른 자세로 경청하는 학생을 발표자로 지명하시면 누운 도미노가 일어서듯 아이들의 자세가 바르게 고쳐진답니다.

5 눈 맞춤하기

"집중하세요.", "바르게 앉아 경청하세요."라는 말보다 아이들이 몸으로 반응하는 말은 "선생님 눈을 바라보세요."라는 말입니다. 저는 아침 모임 시간에 바른 수업 태도의 중요성을 지도하며 눈 맞춤을 강조합니다.

"선생님은 눈 맞춤하는 학생을 바라보며 수업해요. 그 학생이 고개를 끄덕이면 잘 이해했다고 생각해서 넘어가고, 고개를 갸웃하면 한 번 더 설명해 준답니다. 선생님의 눈을 잘 바라보면 수업의 주인공이 될 수 있어요."

선생님께서도 학생들의 눈을 고르게 맞춰 주시면서 아이들을 수업의 주인공으로 만들어 주세요.

6 한 번에 한 가지의 일만 하기

수업 시간에 학용품을 만지작거리는 아이는 딴생각에 빠지기 쉽습니다. 이 행동이 습관이 되면 무의식적으로 반복되고, 고치기 어려워지므로 아이에게 주의 몇 번 준 것으로 충분하지 않습니다. 『도둑맞은 집중력』을 쓴 요한 하리의 말을 인용하여 아이들에게 '한 번에 한 가지의 일만 해야 하는 이유'를 설명해 줍니다.

"우리의 뇌는 한 번에 한 가지 일에만 집중할 수 있어요. 운전하면서 핸드폰을 하는 것은 술을 마신 후 운전하는 것과 같다고 해요. 그만큼 잘 보이지 않고 들리지 않고, 판단력이 흐려진다는 뜻이에요. 수업 시간에 학용품을 만지작거리는 일은 운전하면서 핸드폰하는 일처럼 집중력이 떨어지는 위험한 일이랍니다."

이 말을 이해한 아이들은 놀란 토끼 눈으로 딴짓을 멈추고 수업에 집중합니다.

7 이야기 들려주기

이야기를 좋아하는 1학년이기에 선생님께서 들려주시는 이야기는 마법의 집중 약과 같아요. 선생님의 일상, 여행, 선생님이 들려주는 전래동화나 명작동화 이야기, 수업과 관련지어 만들어낸 이야기도 참 좋아하여 동그란 눈으로 집중한답니다. "선생님이 맛있는 초콜릿을 12개 사서 식탁 위에 두었어. 그런데 선생님 아들이 초콜릿 3개를 먹어버렸어." 선생님 이야기에 아이들이 집중력을 발휘하니, 선생님은 점점 이야기꾼이 되어갑니다.

04 자주 할수록 좋은 순회 지도

1학년 선생님은 눈도 손도, 심지어 발도 부지런해야 합니다. 아이들이 수업에 잘 따라오는지 눈으로 손으로, 그리고 발로 뛰며 확인해야 하기 때문입니다. 1학년 중에는 선생님 말씀을 이해하지 못해서 헤매고 있는 아이들도 있고, 부끄러워서 도움을 청하지 못하는 아이도 있답니다. 순회 지도는 시작하기는 힘들지만 하고 나면 잘했다고 생각하게 됩니다. 선생님, 한 바퀴 휘~ 돌아봅시다.

1 교과서를 잘 폈나요?

3월, 1학년 수업에서 첫 관문은 오늘 공부할 내용이 교과서 몇 쪽인지를 찾는 일입니다. 칠판에 몇 쪽인지 적어두었고 선생님이 몇 쪽이라고 말했음에도 많은 학생이 교과서를 이리저리 넘기며 헤맵니다.

3월에는 아이들이 교과서를 잘 폈는지 매시간 꼭 순회 지도하며 확인해 보세요. 한글 학습이 잘 된 학생 중에도 수 개념이 약해 교과서 쪽수를 못 찾는 아이들이 있어요. 사실 1학년 아이들이 교과서 쪽수를 찾기는 어려운 일입니다. 1학년 1학기에 50까지의 수, 2학기에 100까지의 수를 공부하는데 1학기 국어 교과서에는 200을 훌쩍 넘어가는 쪽수가 나오니까요.

그래서 교과서를 가지고 처음 공부하는 날, 교과서 표지, 단원 보는 법(아이들은 교과서 표지의 1-1을 1학년 1반이라고 말합니다)을 배우고, 교과서 쪽수가 어디 있는지를 함께 확인합니다. 한 쪽씩 넘기며 1씩 커지는 숫자를 세어봅니다.

1학년 적응 기간에는 아이들이 교과서를 잘 폈는지 순회 지도하며 확인하시고 나중에는 쪽수를 잘 못 찾는 몇 명의 학생들 위주로 확인하시면 수월합니다.

2 개별 피드백하기

학생들이 직접 쓰거나 그리는 활동을 할 때는 한 바퀴 돌며 순회 지도해 보세요. 학급 전체로 보았을 때는 대부분 학생이 수업에 잘 참여하는 것처럼 보이지만 한 명씩 살펴보면 잘못된 방법으로 하는 학생, 활동을 아예 시작도 하지 않은 학생이 꼭 있거든요. 순회 지도를 하면 도움이 필요한 학생을 찾아내어 적절한 피드백을 줄 수 있습니다.

3 획순을 지켜 쓰는지 확인하기

한글 공부를 하면서 자음자·모음자의 이름, 소리 그리고 획순을 익힙니다. 선생님이 시범을 보여주며 획순을 익힐 때는 아이들이 완전 학습을 한 것처럼 순서를 잘 말하지만 실제로 글자를 쓰는 것을 지켜보면 엉터리 획순으로 쓰는 아이들이 제법 많습니다. 순회 지도하며 획순 쓰는 순서를 확인하고 피드백해 주세요. 선생님이 순회 지도하시는 것만으로도 아이들은 획순을 지켜 써야겠다고 긴장합니다. "여러분, 획순에 맞게 쓰고 있지요?"

4 개별 칭찬하기

저는 전체 학생들 앞에서 개별 칭찬을 되도록 하지 않으려고 합니다. 경쟁하지 않고 서로 협력하는 학급 분위기를 만들기 위해서죠. 하지만 칭찬은 고래도, 아이들도 춤추게 하는 것. 그래서 순회 지도하며 아이를 일대일로 만날 때 작은 목소리로 한 명씩 크게 칭찬해 줍니다. "글씨를 바르게 썼구나.", "오늘 용기를 내어 발표를 많이 하네!", "오늘 수업 태도가 정말 좋구나.", "꼼꼼하게 색칠했어." 순회 지도하면 학생들의 태도, 노력에 대한 칭찬을 듬뿍 해줄 수 있답니다.

5 느린 학습자 지도하기

교실에는 다양한 학습 수준의 학생들이 있습니다. 특히 느린 학습자들은 초등학교의 익숙하지 않은 수업 방식, 놀이 활동 등을 따라가지 못해 소외되기 쉽습니다. 선생님도 그런 학습자를 발견하지 못하고 놓칠 수 있고요.

순회 지도하며 느린 학습자들을 도와주세요. 전체 순회 지도할 시간이 부족할 때는 느린 학습자들의 수행 정도부터 빠르게 확인하고 피드백해 줍니다.

특히 한글 쓰기를 어려워하는 느린 학습자에게는 '그림 허용해 주기, 칠판에 적은 낱말 중에서 골라 쓰기, 선생님이 적어준 것을 그대로 따라 쓰기'와 같이 각자의 수준에서 참여할 수 있는 맞춤형 쓰기 방법을 제공합니다.

재미있는 것은 나중에 주세요

유튜브 영상, 온라인 게임의 공통점은 무엇일까요? 쾌락과 성취감을 느끼게 하는 도파민이 자주 분비되어 어른이든 아이든 쉽게 중독된다는 거예요. 유튜브를 보다가, 게임을 하다가 스스로 '그만해야지!' 하고 절제하는 일은 어른에게도 쉽지 않은 일입니다. 제가 1학년 학급경영에서 이 이야기를 꺼낸 이유는 무엇일까요?

1 많은 놀잇감을 주었어요

1학년을 맡은 첫해, 저는 아이들이 쉬는 시간, 점심시간, 자투리 시간에 무엇을 하며 놀게 할지 고민했습니다. 아이들이 좋아할 만한 것을 찾아 학기 초부터 이것저것 투입했습니다.

연결 큐브 30개씩을 주머니에 넣어서 책상 가방걸이에 걸어 주었고, 종이접기가 소근육 발달에 좋다고 해서 색종이를 주었습니다. 점심 시간에는 할리갈리, 도블, 스택 버거, 우노, 알까기, 젠가 블록 등 보드게임을 준비해 두고 놀 수 있게 했습니다.

'이 놀잇감을 주면 뛰지 않고 교실 바닥에 앉아서 놀겠지? 자리에 앉아서 색종이를 접겠지? 사이좋게 보드게임을 하겠지?' 저는 아이들이 좋아하는 놀잇감을 준비하고 놀게 해주는 좋은 선생님이라는 생각에 어깨가 으쓱해졌답니다.

실제 우리 반 교실 모습은 어땠을까요? 아침 시간에 아이들은 책 한 권만 대충 읽고선 연결 큐브, 색종이 접기, 그림 그리기를 했습니다. 큐브 만지는 소리, 삼삼오오 모여 색종이 접기를 하는 소란스러운 학생들 때문에 아침 시간의 차분한 분위기를 기대할 수 없었습니다. 일부러 시간이 좀 걸리는 아침 활동을 내어주면 그것도 대충 해버리고 놀이 삼매경에 빠졌습니다. 책을 읽어보아야 책이 재미있다는 것을 알 수 있을 텐데 놀잇감을 손에 쥔 아이들은 이미 놀잇감에 마음을 뺏겼습니다. 수업 시간에는 과제를 후다닥 마치고 색종이, 큐브와 다시 만났습니다.

쉬는 시간에는 어땠을까요? 짧은 10분의 놀이가 성에 찰 리가 없는 아이들은 수업 시작 종이 치면 선생님에게 화를 내기도 했습니다. 휴대폰을 뺏는 엄마에게 투정 부리듯 말이에요. 점심시간에는 보드게임을 하며 참 많이들 다투었습니다. 각자의 방식으로 게임 규칙을 이해한 1학년 아이들은 '내가 한 방법이 옳다. 친구가 규칙을 어겼다.'라며 싸웠고, 비교적 쉬운 규칙의 보드게임을 하면서도 지는 것에 속상해했습니다. 아이들의 다툼 중재와 속상한 마음을 알아주는 것은 고스란히 선생님의 몫이었고요.

잘해보겠다고 여러 놀잇감을 준비했던 저는 이 모습을 마주하며 기가 찼습니다. 학년 초에 만든 놀이 규칙과 한번 허용한 놀잇감을 없애기는 어려웠습니다. 하지만 결국, 다툼이 너무 많았던 몇 가지 보드게임을 없애버리는 상황에 이르렀습니다.

2 놀잇감, 아무것도 주지 않았습니다

두 번째 1학년을 맡은 해, 1학기에는 놀잇감을 주지 않았습니다. 아침 시간에 아이들은 그림책을 읽었습니다. 쉬는 시간에는 화장실에 다녀온 후 다음 수업 준비를 하고, 남는 시간에는 종합장이나 이면지에 그림을 그리며 쉬었습니다.

점심시간에는 뭐하냐고요? 양치질합니다. 그리고 도서실에서 책을 빌려와 교실에서 책을 보기도 하고요. 쉬는 시간과 마찬가지로 삼삼오오 모여 종합장에 그림을 그리면서 쉬었습니다. 5월부터는 색칠 공부 같은 보조교재를 주었습니다. 2학기가 되어서야 점심시간에 줄넘기, 연결 큐브, 사각 블록을 할 수 있게 했습니다.

놀이시간이 너무 없는 것 아니냐고요? 색종이도 안 주는 야박한 선생님이라고요?

대신 5교시가 있는 날, 가끔 한 시간씩 한 가지 놀잇감을 주어 놀게 했습니다. 연결 큐브, 사각 블록, 나무 블록, 도토리 팽이, 칠교놀이를 실컷 하게 했습니다. 그리고 통합교과 시간에 꾸미기, 만들기 활동을 자주 했고 만든 작품으로 놀이하게 했습니다.

즉, 1학기 쉬는 시간·점심시간에는 차분하게 쉬게 하고, 교과 시간 중 진도를 조절하여 놀이시간을 주었습니다. 친구들과 함께 놀이하는 규칙을 잘 익힌 2학기가 되어서야 점심시간에 놀잇감을 주었습니다. 학급에 따라 놀이 규칙을 익히고, 분위기가 안정되는 시기가 다를 테니 적절한 시기가 되면 점심시간에 놀잇감을 주시는 것을 추천합니다.

3 아이들이 얻을 수 있는 3가지 긍정적 정서

재미있는 것을 나중에 주면 아이들은 3가지 긍정적 정서를 얻을 수 있어요.

첫째, 책 읽기의 재미를 알게 됩니다. 텔레비전이 없는 거실에서 아이들이 책을 보듯이, 교실에서도 놀잇감이 없어야 책을 찾아 읽습니다. 책을 읽을 시간과 방해물이 없는 공간을 주니 아이들은 책의 재미를 알게 되었습니다.

둘째, 과제를 완성도 있게 해내는 성취감을 느끼게 됩니다. 수업 자투리 시간에 다른 놀잇감을 주지 않아야 아이들은 주어진 활동을 최선을 다해 완성합니다. 먼저 활동을 마친 아이들이 신나게 종이접기를 하고 있다면 나머지 학생들이 과제를 꼼꼼하게 마무리하고 싶을까요? 활동을 빨리 끝내고 놀고 싶은 마음이 들겠지요. 과제를 먼저 마친 아이들에게는 추가 과제를 주거나 그림책을 읽게 하세요.

편안한 마음으로 충분한 시간을 들여 과제를 완성하는 성취감을 맛본 아이들은 다른 활동에도 최선을 다합니다.

셋째, 다음 수업을 준비하는 뿌듯함을 알게 됩니다. 쉬는 시간에는 '화장실 다녀오기, 물 마시기, 다음 수업 준비하기'를 하게 하세요. 쉬는 시간에 놀잇감으로 실컷 논 아이들은 수업 종이 치고 나서야 목이 마르고 화장실에 가고 싶어지지요. 책상에는 이전 시간에 공부한 교과서가 어질러져 있고요. 1학년은 교과서를 정리하는 일에도 시간이 걸리는데 말이죠.

쉬는 시간에 수업 준비를 해 둔 학생을 칭찬해 주세요. 미리 물을 마시고 화장실도 다녀오고 교과서를 펴 놓으면 좋은 점을 설명해 주세요. 칭찬도 받고 수업에도 집중할 수 있는 이 기분 좋은 감정을 '뿌듯함'이라고 알려주세요.

06 진짜 쉬는 시간 만들기

20년 가까이 아이들을 가르치면서 그동안 쉬는 시간을 특별히 지도하지 않았습니다. 충분히 감당할 만큼의 쉬는 시간이었거든요. 그런데 1학년을 경험하고서야 알았습니다. 그동안 1학년 담임 선생님들께서 잘 지도해 주신 덕분에 쉼이 있는 쉬는 시간을 가질 수 있었다는 것을요.

1 선생님이 감당할 수 있는 쉬는 시간인가요?

1학년을 맡은 첫해에는 고학년과 같이 지도했습니다. "쉬는 시간에는 화장실 다녀오기, 물 마시기, 다음 수업 준비를 합니다. 그다음에 하고 싶은 일을 하세요." 몇 주 지나지 않아 아이들은 '하고 싶은 일을 하세요.'만 기억하는 듯했습니다.

친구들과 몸 놀이하다가 다투고, 잡기 놀이하다가 넘어지는 일이 잦았습니다. 자르고 붙이는 만들기를 하여 교실을 어지럽히고 수업 종이 치고서야 치우기 시작했습니다. 쉬는 시간에 종이접기를 한 아이들은 수업 시간에도 색종이를 꺼내 만지작거렸습니다. 딱지치기를 허용했더니 아이들이 딱지를 두고 다투는 바람에 수업 시간에도 아이들 다툼을 중재해야 했습니다. 한번 넓어진 쉬는 시간의 울타리를 좁힐 수는 없었습니다. 그렇게 다툼을 중재하고, 뛰는 아이를 혼내느라 선생님의 쉬는 시간은 없었습니다.

2 3월의 쉬는 시간, 그림 그리기

1학년을 두 번째 맡은 해에는 쉬는 시간도 정성 들여 지도했습니다. 3월 초, 1학년들은 기본 생활 습관을 익히는 공부를 하며 학습 부담이 적은 시기입니다. 이처럼 학습량이 적은 3월이기에 저는 의도적으로 수업이 끝나기 5분 전에 아이들이 하고 싶어 할 만한 재미있는 선 긋기나 그리기, 색칠하기 활동을 주었습니다. 그리기를 워낙 좋아하는 시기의 아이들이기에 화장실 갈 아이들만 다녀오고 나머지 아이들은 자발적으로 선생님이 준 활동을 했습니다. 쉬는 시간이 뛰어노는 시간이 아니라는 것을 몸으로 익히게 했습니다. 우리 교실은 쉬는 시간에도 차분한 곳이라고 느끼게 했습니다.

3 4월부터 간단한 활동 거리 주기

4월부터는 쉬는 시간에 해야 할 일을 다 했다면 그리기 이외에도 할 수 있는 것을 몇 가지 알려주었습니다. '그림책 읽기, 앉아서 소곤소곤 이야기하기, 종합장에 친구와 오목, 빙고 놀이하기'를 추천해 주었습니다. 다음 수업 시간을 방해하는 종이접기는 허용하지 않았습니다. 부족한 놀이시간은 앞서 설명한 바와 같이 시간을 확보하여 한 번에 충분히 놀 수 있도록 했습니다.

4 수업 놀이로 움직임 욕구 해소하기

수업 중 한 번은 일어서게 하거나 교과 수업 놀이를 준비해 주세요. 아이들의 움직임 욕구를 해소하면서 즐겁게 공부하며 놀이할 수 있습니다.

숫자 눈치 게임, 수 세기 하며 배스킨라빈스 31 놀이, 3·6·9 놀이, 바둑알로 홀짝 놀이, 변신 가위바위보, 스파이 찾기, 4코너 놀이, 몸으로 말해요 등 수업 시간에도 놀이 활동을 자주 경험하도록 해주세요. 수업 시간에 움직이며 활동하고, 쉬는 시간에는 에너지를 충전하며 쉴 수 있게요. 배운 놀이를 쉬는 시간에 다시 해보는 기특한 아이들의 모습도 볼 수 있습니다.

5 쉬는 시간 없애기

이렇게 정성 들여 지도해도 쉬는 시간에 몸 놀이하는 친구들이 꼭 생깁니다. 바닥에 누운 아이를 장난스레 때리거나, 장풍을 날리며 잡기 놀이를 하다 보면 안전사고나 다툼으로 이어지고요. "뛰지 마!", "몸 놀이하지 마!"라는 선생님의 말씀은 교실 허공에 흩어질 뿐입니다.

"몸 놀이한 친구는 지금 바로, 자기 자리에 앉으세요." 몸 놀이를 한 아이에게는 타임아웃을 적용합니다. 몸 놀이를 하면 다치거나 친구에게 피해를 줄 위험이 있으니까요. 쉬는 시간을 뺏긴 아이는 안전하게 쉬는 시간을 보내는 친구들을 물끄러미 바라봅니다. 그리고 뛰지 않고, 몸 놀이하지 않고 노는 방법을 생각합니다.

이렇게 한두 번만 지도해 보세요. "몸 놀이하지 마!"라는 백 번의 말보다 쉬는 시간을 한 번 없애는 것이 백 배 효과 있습니다. 몸 놀이하지 않고도, 뛰지 않고도 쉬는 시간을 즐겁게 보내는 방법을 우리 아이들은 찾아낸답니다.

서로 협력하는 학급 만들기

"누가 제일 빨리하는지 보자.", "누가 제일 잘하는지 보자." 많은 어른들이 경쟁을 부추기는 말을 습관적으로 합니다. 그런 어른에게 칭찬받으려면 친구보다 더 빨리해야 하고 더 잘해야 하죠.

우리 반 친구들이 내가 이겨야 하는 경쟁자라면, 친구를 도와줄 수 있을까요? 친구를 응원하고 싶을까요? 그리고 꼭 경쟁해야 성장할 수 있을까요?

교실은 기쁜 일에는 함께 웃고, 속상한 일은 함께 슬퍼하는 좋은 사람들이 자라는 곳이면 좋겠습니다. 친구를 도와주며 더 큰 성장을 경험하는 교실이기를 바랍니다. 경쟁시키지 않고도 잘하는 반, 서로 응원해 주고 협력하는 반을 선생님께서 만들어 주셨으면 좋겠습니다.

1 │ 친구를 칭찬하고 위로하는 아이를 칭찬하기

아이들을 만난 첫날, 선생님이 좋아하는 학생에 대해 알려줍니다. "선생님은 친구의 좋은 점을 찾아 칭찬하는 학생, 속상한 친구가 있을 때 위로해 주는 학생을 참 좋아해요."라고 공개 선언합니다. 그리고 그런 친구를 찾아 칭찬합니다. 칭찬은 특정 행동을 계속하게 하는 긍정적 강화의 역할을 하니까요.

"우와! 친구를 도와주는 멋진 아이가 있네.", "너는 친구의 장점을 찾는 좋은 눈을 가졌네!", "ㅇㅇ는 위로해 주는 친구가 있어 좋겠다."라고 칭찬해 주시면 선생님의 눈길을 받기 위해서라도 친구를 칭찬하고 도와줍니다. 물론 외적 동기에 의한 행동이지만 1학년들은 이런 경험을 통해 서로 칭찬하고 돕는 행동을 배운답니다.

2 격려하기

칭찬은 아이들을 춤추게 하는 명약이지만, 능력이나 결과에 대해 소수의 학생을 눈에 띄게 칭찬하시면 경쟁을 부추기는 독약이 됩니다. 잘하는 것을 칭찬하기보다는 "열심히 했구나.", "글씨를 바르게 썼구나.", "많이 나아졌구나!"라고 노력과 태도를 칭찬해 주세요. 이런 칭찬을 '격려'라고 합니다. 격려를 받으면 더 잘하고 싶은 의욕이 솟아납니다. 그리고 격려를 받아본 학생들은 친구를 격려하는 능력이 생깁니다.

우리 반에는 양발 모아 뛰기를 한 번도 못 넘는 아이도 있고, 어려운 이단 뛰기를 할 수 있는 아이들도 있어요. 그런데 이단 뛰기까지 하는 아이들이 양발 모아 뛰기를 한 번 성공한 친구에게 환호하며 손뼉을 칩니다. 선생님이 학생들을 격려하는 모습을 보고 아이들이 배운 거죠. 속상하면 한 시간 내내 울던 아이가 이제 울지 않을 때, 고집 피우던 아이가 떼쓰지 않을 때, 숙제를 잘 안 해오던 아이가 숙제해 올 때, 선생님도 친구들도 손뼉 치며 칭찬합니다. 서로의 성장을 응원하고 인정해 주는 아이들이 있는 이 교실은 천국입니다.

3 전체 칭찬 많이 하기

"오늘 우리 반 수업 태도가 정말 좋다." 이렇게 전체 칭찬해 주면 아이들의 기분이 좋아질 뿐 아니라 '함께 잘해야지!' 하는 단결력, '나도 우리 반으로서 인정받는구나!' 하는 소속감이 생깁니다.

1학년 2학기 국어 시간에 '고운 말을 해요' 수업에서 '선생님께 들으면 기분 좋은 말' 설문 조사를 했습니다. 제가 의도한 칭찬이 아이들 마음에 와닿았을지 궁금했는데, 아이들이 뽑은 '선생님이 해준 기분 좋은 말 1위'는 '우리 반 최고야'라는 전체 칭찬이었습니다. 역시 전체 칭찬이 특급 칭찬이라는 것을 알 수 있었습니다.

몇 아이의 태도를 칭찬해 주고 싶을 때는 행동을 묘사해 보세요. "지금 책을 펴고 수업 준비를 한 학생이 3명 있어요." 이름을 말하지 않기에 경쟁심을 덜 유발합니다. 몇 학생들은 자기를 가리키는 줄 알고 으쓱하고, 그렇지 않은 나머지 학생들도 부랴부랴 수업 준비를 하기에 효과 만점입니다.

대신 개별 칭찬은 아이를 일대일로 만날 때 듬뿍 해주세요. 한 명씩 검사할 때, 순회 지도할 때, 일기장에 코멘트 남길 때, 쉬는 시간에 일대일로 이야기할 때 "오늘 용기 내서 발표 엄청 많이 하더라!", "오늘 정말 열심히 하는구나!" 칭찬에 목마른 우리 아이들에게 시원한 물 한 컵씩 주세요.

4 협력 놀이하기

승패가 있거나 경쟁하는 놀이를 지양하고 협력하는 놀이를 진행해보세요. 놀이 활동에 무리가 없다면 탈락도 없게 하거나 탈락하더라도 부활할 기회를 주도록 변형해 보세요.

고학년은 탈락이 있어야 재미를 느끼지만, 1학년은 놀이 자체에 즐거움을 느낍니다. 오히려 탈락하거나 지게 되면 참지 못하고 화를 내어 놀이 진행이 어려워집니다. 꼭 경쟁 요소가 필요할 때는 선생님 대 아이들로 놀이하거나, 공동의 목표를 달성하게 하면 학급 아이들이 똘똘 뭉쳐 협력하는 분위기가 만들어진답니다.

5 놀이하기 전에 재미 강조하기

저는 놀이를 시작하기 전에 꼭 사전의식을 치릅니다.

"수업 시간에 놀이를 왜 할까요?"라는 선생님 질문에 아이들은 주문을 외듯 답합니다.

"공부를 재미있게 하려고요."

"체육 시간에 경기를 왜 할까요?"라고 물으면 노래 부르듯 줄줄 외웁니다.

"운동을 재미있게 하려고요."

"맞아요. 혼자 공부하고, 혼자 운동하면 오래 하지 못하고 금방 멈추게 되죠. 공부와 운동을 재미있게 하고 열심히 하기 위해서 놀이하는 거랍니다. 놀이에서 졌다고 화내고 울면 공부와 운동을 재미있게 할 수 없어요. 우리 재미있게 놀이합시다!"

6 놀이 후에 재미, 최선, 태도 강조하기

"승패는 중요하지 않아요."라고 말해놓고 이긴 학생에게 상을 준다면 선생님 말씀은 힘을 잃습니다. 저는 놀이가 끝나면 점수를 알려준후 꼭 이렇게 강조하여 말합니다.

"오늘 재미있게 놀이한 사람 손 들어보세요! 열심히 한 사람 손 들어보세요! 규칙을 지킨 사람 손 들어보세요. 지금 손을 든 친구들이 오늘 이긴 친구들이에요." 이렇게 꾸준히 지도하고 인정하는 분위기를 만들어 주면 아이들도 승패에 덜 민감해집니다. 대부분 아이들은 열심히 재미있게 놀이한 것에 자긍심을 가집니다. 당당히 손을 드는 아이의 몸짓, 표정에서 알 수 있어요.

7 개별 보상하지 않기

우리 반에서는 '놀이에서 이겼을 때, 숙제를 잘 해왔을 때, 착한 일을 했을 때'에도 보상을 주지 않습니다. 스티커 판, 학급 온도계도 없습니다. 당연히 해야 할 일에 대해 보상할 필요가 없으며 특히 개별 보상은 서로를 비교하게 만들기 때문입니다. 제가 학생이라면 비교되는 숫자, 키가 다른 스티커들이 붙어있는 게시판에 주눅들 것 같아요.

그러면 언제 어떻게 보상하냐고요? 전체 칭찬과 같아요. 수업 분위기가 너무 좋은 날, "오늘 너희가 정말 자랑스럽다. 오늘 선생님이 맛있는 간식 쏜다!" 이렇게 가끔씩 전체 보상합니다. 이런 간헐적 보상에 아이들은 감동하고 선생님께 더 감사해합니다.

8 공평한 기회를 주는 시스템 만들기

선생님의 사랑을 받고 싶어 하는 우리 1학년에게는 심부름 한 번, 시범 한 번, 발표 한 번이 큰 기회입니다. 그래서 공평하게 기회를 줄 수 있도록 여러 장치를 마련해 두었습니다.

번호순으로 매일 한 명씩 돌아가며 오늘의 반장을 맡아 인사, 시범, 심부름 등을 합니다. 그리고 요일별로 월요일은 1번 줄 학생들, 화요일에는 2번 줄…, 줄별로 돌아가며 먼저 글을 읽거나 검사를 받거나 준비물을 배부받는 혜택을 줍니다.

공평한 발표 방법도 중요해요. 수업 중 발표도 기회 중 하나인데 저학년은 서로 하려고 해서, 고학년은 늘 하는 아이만 해서 공평하지 않아요. 많은 학생이 공평하게 발표할 수 있는 짝 대화, 랜덤 발표, 줄 발표를 자주 합니다. (5장_2. '많은 학생이 참여하는 발표'와 6장_5. '짝 대화'를 보시면 더 자세한 방법을 알 수 있어요.)

08 1학년 때 꼭 배워야 할 3가지

2학년을 맡았을 때 내심 신기하게 생각했던 아이들의 모습이 몇 가지 있었습니다. 글씨를 반듯하게 쓰고 색칠을 꼼꼼하게 하는 아이들, 수업 시간에 다 못한 과제를 쉬는 시간에 스스로 완수하는 아이들입니다. 1학년 담임 선생님의 지도 덕분인 걸 알기에 '나도 1학년을 맡으면 꼭 그런 아이들로 키워내리라!' 하는 로망을 가졌습니다.

1 끝까지 완성하기

학급에 몇 명은 수업 시간에 써야 할 것, 풀어야 할 것을 하지 않고 딴짓합니다. 그런 아이들에게 해야 할 일을 끝까지 해내도록 도와주는 가장 효과적인 방법은 '확인'하는 것입니다. 예를 들어 쓰기 활동을 했다면 수업 끝나기 전에 한 바퀴 순회 지도하며 검사합니다. 빨간 색연필로 별을 그려주시거나 '통과'라는 말로도 충분합니다. 곧 종이 쳐서 순회 지도할 시간이 빠듯하다면 "○쪽까지 다 한 학생은 쉬는 시간입니다. 다 못한 학생은 쉬는 시간에 해서 내세요."라고 말하고, 칠판에 다 못한 학생의 이름을 적어둡니다.

학기 초에는 거의 매시간, 그 이후로도 자주 이렇게 검사하시면 아이들은 체득합니다. '해야 할 일은 끝까지 해야 하는구나!', '글씨를 바르게 써야 하는구나.' 아이들은 말보다 경험으로 더 잘 배웁니다.

느린 학습자들은 과제의 양을 조절하거나 쉬운 방법을 안내해 주세요. 그리고 집중력이 낮은 학생들은 과제의 분량을 나누어 단계별로 해내도록 도와주세요.

집중력이 낮은 아이들에게는 "여기까지 해서 검사받자." 하고 표시를 해줍니다. 다 해오면 다음 목표량을 알려주고요. 조금씩 미션 수행하듯이 하면 어느덧 과제를 완수하게 됩니다.

그리기나 만들기 할 때 친구들과 노느라 활동이 늦어지는 아이들을 위해서는 타이머로 남은 시간을 알려주면 효과적입니다. 활동 시작 전에 "몇 분 정도 걸릴까?"라고 물어본 후 타이머를 켜고 시작합니다. 물론 다수의 학생이 시간 내에 완수하지 못하면 몇 분의 시간을 더 주면 되고요.

아이들은 책임이라는 미덕을 배우게 되고 시간 관리 능력도 좋아집니다. 그리고 상급 학년으로 진급했을 때 선생님이 시키지 않아도 스스로 활동을 완수하는 멋진 아이로 자랍니다. 제가 만난 고학년 아이들처럼요.

2 꼼꼼하게 색칠하기

1학년들은 대부분 그림 그리기를 좋아하니까, 색칠도 꼼꼼하게 할 줄 알았습니다. 그런데 아니었습니다. 얼기설기 그물망을 그려두고 색칠 다 했다고 하는 아이, 도화지 구석에만 그림을 그리는 아이, 배경은 늘 하얗게 두는 아이도 여럿이었습니다.

"그만하면 안 돼요?", "저는 이만큼만 하고 싶어요." 그림을 완성하는 것을 필수가 아닌 선택으로 생각하는 아이들이 많습니다. 우리가 어린 시절 거뜬히 채웠던 8절 도화지를, 요즘 아이들은 일 년에 두세 번쯤 만날까요?

우리 아이들을 A4 도화지 정도는 완성해내는 아이로 키우고 싶었습니다. 포기하지 않는 힘, 끝까지 해내는 끈기를 갖게 도와주고 싶었습니다. 그래서 그림을 어떻게 꼼꼼하게 색칠하는지 직접 보여주고 도와주었습니다.

"테두리를 색연필로 따라 긋고 그 안을 꼼꼼하게 색칠하는 거야. 배경은 어떤 색으로 할래? 골라봐. 배경은 조금 연하게 해도 되니까 힘내서 색칠해 보자."

그래도 그만하겠다는 아이에게는 완성할 수 있도록 방향을 틀어 지도합니다.

첫 번째, 양을 줄여줍니다. "네가 오늘 힘든가 보구나. 하지만 여기서 그만두는 것은 안 돼. 여기까지는 해보자." 이렇게 말한 후 조금씩 더 할 수 있도록 이끌어줍니다.

두 번째, 열심히 하는 친구들에게 작은 보상을 줍니다. "지금 열심히 하는 친구들이 정말 멋지다. 선생님이 작은 선물을 줄게." 달콤한 간식이 주는 유혹이 만만치 않습니다.

그리고 꼼꼼하게 색칠한 학생들에게는 물감으로 배경을 색칠하는 기회를 주니 효과 만점이었습니다. 붓을 사용하고 싶어서, 아이들은 기를 쓰고 힘을 냅니다. 이렇게 그림을 꼼꼼하게 색칠하는 경험을 몇 번 하면 다음에는 더욱 수월하게 그림을 완성해낸답니다.

3 바른 글씨 쓰기

손 글씨를 많이 쓰면 뇌 발달에도 도움이 되고 기록을 잘할 수 있는 능력의 바탕이 됩니다. 한번 익힌 손 글씨는 평생 가기에 글씨 쓰기를 지도하는 1학년 선생님의 책임은 막중합니다.

제 나름의 바른 글씨 쓰기 지도 4단계는 '선 긋기 → 반듯반듯 쓰기 → 모음 길게 쓰기 → 모음 꺾어 쓰기'입니다.

1) 1단계 : 선 긋기

직선, 곡선, 사선, 동그라미 등 다양한 선을 긋는 연습은 자·모음자에 있는 다양한 선을 쓰는 기초가 됩니다. 가로 선은 왼쪽에서 오른쪽으로, 세로 선은 위에서 아래로 긋습니다.

2) 2단계 : 반듯반듯 쓰기

1학년 초기에는 글씨를 서예 판본체처럼 '반듯반듯하게, 열 칸 공책 칸 안에 차게' 쓰도록 지도했습니다. 『30일 만에 완성하는 1학년 바른 글씨』의 저자 김유정 선생님을 따라 열 칸 공책의 보조선이 만나는 가운뎃점을 '배꼽'이라 부르고, 네 칸에 골고루 글자가 들어가게 쓰도록 지도하였습니다. 글씨를 너무 작지도 크지도 않게, 손가락에 힘을 주어 반듯하게 쓰게 하였습니다.

3) 3단계 : 모음을 길게 쓰기

판본체처럼 반듯하게 글씨를 잘 쓰게 되면 3단계 지도를 합니다. 모음 'ㅗ, ㅜ, ㅡ, ㅛ, ㅠ'의 가로획과 'ㅏ, ㅓ, ㅑ, ㅕ, ㅣ'의 세로획을 길게 쓰게 합니다. 그리고 자음은 너무 크지 않게 쓰도록 공책에 자음의 적당한 크기를 그려줍니다. 이렇게 하면 굳이 자형(字型)을 따로 익히지 않아도 자연스럽게 '△, ◁, ▷, ◇, ㅁ' 등의 예쁜 자형(字形)을 갖춘 글씨가 됩니다.

4) 4단계 : 모음 꺾어 쓰기

3단계 글씨 쓰기를 통과한 학생들에게만 '모음 꺾어 쓰기'를 지도했습니다. 모음 꺾어 쓰기란, 궁서체처럼 모음의 세로획 시작 부분을 꺾은 후 길게 내리는 방법입니다. 글씨가 예뻐지고 알아보기 쉬워집니다.

\<추가 Tip\> 연필 잡는 법 지도

1) 연필 잡는 위치

연필이 깎인 구불구불한 선에서 조금 윗부분을 잡습니다.

2) 연필 잡는 법

엄마, 아빠 손가락으로 연필을 잡은 후 가운뎃손가락으로 연필을 받치고, 연필을 60˚ 정도 기울입니다. 학부모 상담 때 '연필 교정기, 그루브 연필, 스테들러 삼각 연필' 같은 도구의 도움을 받도록 안내하는 것도 좋습니다.

3) 당근과 채찍 주기

글씨를 바르게 쓴 아이들에게 감동적인 폭풍 칭찬을 해주세요. 우리 반 아이들은 글씨를 정성껏 쓴 후 칭찬을 받을 부푼 마음으로 검사를 받으러 옵니다. 그러면 저는 제가 할 수 있는 최고의 칭찬을 아이에게 해줍니다. 채찍은 글자를 흘려 쓴 학생에게 다시 쓰게 하는 거예요. '글씨를 제대로 쓰지 않으면 우리 선생님은 검사해 주지 않으시는구나!'라고 느끼도록요.

1학년 겪어내기

학부모 민원 대하기

아이들이 속 썩이는 일은 퇴근하면 잊고 일상을 보낼 수 있습니다. 하지만 학부모 민원은 강도가 다릅니다. 민원 한마디 한마디가 심장에 꽂히는 듯하고 잠을 설치게 할 정도로 괴롭습니다. 당황한 나머지 해야 할 말을 제대로 못 했거나 실수했다면 더 속상합니다. 그래서 저는 학부모 민원 대응을 위한 매직 문장 몇 가지를 정해두고 사용합니다.

속상하셨겠어요.

학부모의 이야기를 들은 후 먼저 "속상하셨겠어요."라고 반응하는 것은 상담의 기본이라고 할 수 있습니다. 공감은 '네 말이 맞다.'가 아니라 **'네가 그런 생각을 했구나.'라고 알아주는 것이라고 합니다.** 그래서 옳고 그름을 따지기 전에 이 말로써 학부모의 마음을 알아줍니다. 다행히 이 한마디에 마음이 누그러지는 학부모도 있습니다. 그리고 학부모가 제기한 건에 대해 다음 중 하나의 말을 합니다.

1. 내일 아이들과 상담한 후 연락드리겠습니다.

2 사실과 다른 점이 있습니다.

3. 저는 이렇게 지도합니다.

4. 그건 제 실수입니다.

5. 아이들이 진짜로 원하는 건 뭘까요?

1 내일 아이들과 상담한 후 연락드리겠습니다

학부모 민원의 대부분은 학생들의 다툼에 관한 일이지요. 특히 1학년 아이들은 자기중심적으로 상황을 전달하기 때문에 학부모님께서 오해하고 전화하는 일도 있습니다.

선생님이 파악하지 못한 일이라면, 다음 날 아이들과 상담한 후 연락드리겠다고 말합니다. 이렇게 하면 선생님의 편견에 따라 성급하게 판단하거나 민원을 제기한 측의 입장에 치우쳐 상담하는 실수를 막을 수 있습니다.

비슷한 일을 여러 번 참았다가 연락하신다며 화를 내시는 분도 있습니다. 그래서 저는 3월 학부모 상담에서 선생님이 미처 파악하지 못하는 부분이 있을 수 있으니, 학부모님께서 궁금하시거나 의문이 드는 일, 아이가 힘들어하는 일이 있다면 바로 연락을 달라고 당부합니다.

2 │ 사실과 다른 점이 있습니다

아이가 자신의 처지에서만 본 것, 들은 것, 생각한 것을 전달하여 학부모가 오해했을 경우, 상황을 분명하게 파악하고 있다면 주저하지 말고 사실만 언급하세요. "학부모님, 그 부분은 사실과 다른 점이 있습니다."라는 말로 시작하면 전달하기 쉬워집니다.

3 │ 저는 이렇게 지도합니다

"선생님, 유치원 선생님처럼 소통을 잘해주셨으면 좋겠어요." 교우 관계 민원으로 상담을 요청한 학부모님께서 저에게 하신 말입니다. 저는 이 말에 이렇게 답했습니다.

"아이들은 친구와의 다툼을 스스로 해결해 나가는 것도 배워야 합니다. 그래서 아이가 해결할 수 있다고 판단되는 일은 따로 연락드리지 않습니다. 반면에 큰 다툼이나 부모님께서 아셔야 할 일은 꼭 연락드리겠습니다."

학급 운영, 생활 지도에서 선생님의 소신을 분명하게 전달하실 필요가 있습니다.

4 │ 그건 제 실수입니다

2학년 담임을 했던 수년 전의 일입니다. 선배 선생님께서 학부모와

통화하는 것을 우연히 듣게 되었는데 저는 흠칫 놀랐습니다. "아, 제가 미처 몰랐네요. 그건 제 실수입니다." 경력 많으신 선배 선생님께서 실수를 인정하는 모습에 저는 진실하고 신뢰가 가는 '사람'의 모습을 보았습니다.

인정할 만한 실수가 있었을 때, 저도 그렇게 말해보았습니다. 그랬더니 학부모님께서 "선생님께서 많은 아이를 가르치시느라 수고 많으십니다."라는 격려를 전해주셨습니다. 아이들처럼, 우리 어른도 진심 어린 사과와 너그러운 용서를 주고받았으면 좋겠습니다.

5. 아이들이 진짜로 원하는 건 뭘까요?

아이들이 다툰 후 남 탓하며 물러서지 않을 때 저는 아이들에게 바라는 것을 말하게 합니다. 이렇게 하면 문제 해결의 방향이 과거가 아닌 미래로 향하게 되고 풀리지 않을 것 같던 해결의 실마리가 보입니다.

같은 맥락으로 『교사의 말 연습』에서 김성효 선생님이 언급하신 이 문장, "어머니, 아이들은 내일도 모레도 학교에 올 겁니다. 그렇다면 이 아이들이 진짜로 원하는 건 뭘까요?"는 학부모로 하여금 가장 중요한 것을 바라보게 할 수 있다고 생각해요. 현재의 잘잘못보다는 앞으로의 아이들의 삶에 관해 이야기를 나눈다면 원활한 문제 해결을 향해 나아갈 수 있으니까요. "우리 아이들이 진짜로 원하는 것은"이라고 운을 떼어 말해보세요.

학부모의 마음 얻기

아이가 1학년이면 학부모도 1학년이라는 말이 있습니다. 아이만큼이나 학부모도 학교생활에 대해 모르는 것이 많고 걱정도 많기 때문이죠. 그 걱정이 선생님에 대한 불신으로 이어지지 않도록 학부모도 선생님도 노력해야 합니다. '아이를 잘 지도하면 학부모도 알아주겠지?'라는 생각을 '학부모의 마음을 얻으면 아이를 더 잘 지도할 수 있을 거야.'로 바꾸어 볼까요?

1 │ 문제 행동을 하는 아이, 학부모와 3~4월 집중 상담하기

학급에 문제 행동을 하는 학생이 있다면 저는 정성을 들입니다. 무엇에 정성을 들이냐고요? 그것은 바로 학부모님의 마음을 얻는 것입니다. 아이의 마음 못지않게 학부모님의 마음을 얻는 것도 중요합니다. 학부모님이 '우리 선생님의 지도는 무엇이든 지지하겠다.'라고 선생님 편이 되어주면 아이는 가정과 학교에서 일관성 있는 지도를 받게 되어 문제 행동 교정이 쉬워지고 빨라집니다.

반면에 학부모가 교사를 신뢰하지 않는 상황에서 아이를 지도하는 일은 '밑 빠진 독에 물 붓기'와 같습니다. 아이는 선생님에 대해 부정적인 말을 하는 부모의 의중을 귀신같이 알아챕니다. 아이는 선생님의 지도에 반기를 들 근거를, 반항할 힘을 얻게 되어 문제 행동 지도가 어려워집니다. 문제 행동을 하는 학생이 있다면 3~4월에 학부모와 자주 상담하는 정성을 들여보세요.

2 우리 아이를 예뻐하는 선생님

학부모님과 마음이 통하기 전에 아이의 부족한 점, 고쳐야 할 점을 나열한다면 학부모는 '선생님이 우리 아이를 차별하시나? 우리 아이가 선생님에게 문제아로 찍혔나?' 하는 뾰족한 마음이 듭니다. 가정에서는 얌전한데 학교에서만 문제 행동을 보이는 아이의 학부모는, 예상치 못한 교사의 말에 반감이 생길 수도 있고요.

담임 선생님께서 우리 아이를 예뻐한다는 것이 느껴질 때 학부모의 마음은 열립니다. 우리 아이의 예쁜 점, 좋은 점을 알아봐 주신 선생님이 고맙고 우리 아이를 잘 가르쳐주시겠다는 믿음이 생기게 됩니다. 3월 학부모 상담 기간까지 아이의 좋은 점을 한 가지 찾아서 먼저 말씀드려 보세요. 아이들을 속속들이 파악하기 이른 시기이지만 아이의 좋은 점 한 가지는 쉽게 찾을 수 있어요.

"○○가 밥을 골고루 먹는 모습이 참 예쁘네요. 용기 내어 발표하는 모습이 예쁩니다. 예의 바르게 인사하는 모습이 참 예쁩니다. 열심히 하려는 모습이 참 예쁩니다." 이렇게 학부모와의 대화를 아이의 좋은 점 한 가지로 시작해보세요.

"선생님, 정말요? 우리 아이를 예쁘게 봐주셔서 정말 감사합니다."
라는 감사의 답변이 돌아오고, 긴장했던 학부모의 마음이 녹습니다.

선생님은 학부모 못지않게 아이가 학교생활을 잘하길 바라는 사람
입니다. 숨기지 말고 그대로 전해보세요. 우리 아이를 예뻐하는 담임 선
생님, 얼마나 감사하겠어요. 얼마나 믿음이 가겠어요!

3 │ 먼저 친절을 보여줍니다

아이를 방임하는 부모를 만나면 참 답답합니다. 선생님은 이렇게
애를 쓰는데 자녀에게 무심한 학부모가 이해되지 않지요. 그런데 말입
니다. 만약에 생계에 허덕이는 집이라면요? 아이 아빠가 돌아가시고 떠
안은 빚에 허덕이며 살아가고 있는 경우라면요? 아이 엄마는 막둥이를
낳고 산후우울증에 하루하루를 버텨내는 중이라면요? 드라마에서 볼법
한 가정들이 실제로 우리 학급에도 있을 수 있습니다. 학교에서 밝은
모습으로 힘든 일을 감추는 아이들의 고충을 선생님도 모르실 수 있고
요. 그래서 제가 할 수 있는 친절을 다하고자 노력합니다. 학부모가, 그
리고 우리 아이가, 힘든 싸움을 하고 있을 수도 있으니까요.

4 │ 하교 후 연락합니다

아이들이 하교하고 나면 하루를 돌아보며 아팠던 아이, 다쳤던 아

이가 있었는지 생각해 봅니다. 1학년 학부모는 아이가 아프거나 다쳤을 때, 병원 갈 정도가 아니어도 선생님께서 연락해 주시면 참 고마워합니다. 반면에 학부모가 서운할 때도 같은 상황입니다. 아이가 다쳤는데 선생님의 연락이 없다면 괜히 서운하기도 하고 선생님이 모르고 계신다고 오해하기도 합니다.

그 외에도 친구와 큰 다툼이 있었다거나 선생님께서 판단하시기에 학부모님께 전해야 할 일이 있다면 꼭 알려드리는 것이 좋습니다. 특히 오해의 여지가 있거나 감정이 상할 수 있는 일은 학생보다 먼저 선생님께서 학부모에게 자초지종을 전달하시는 것이 좋습니다. 시기는 아이를 지도한 직후보다는 아이도 선생님도 감정이 정리된 후인 하교 후가 낫습니다.

5 깜짝 문자 보내기

김성효 교감 선생님은 '세바시' 강연 프로그램에서 교사 시절 1일 1학생 1칭찬 문자를 학부모에게 보내셨다고 말씀하셨습니다. 학부모와 좋은 관계를 형성할 수 있고 생활 지도에 큰 도움이 되었다고 합니다. 저도 시도해 보았지만 1일 1학생 칭찬 문자 보내기가 쉽지 않았습니다. 저는 가끔 깜짝 칭찬 문자를 보냈습니다.

"오늘 ○○이가 밥을 다 먹었어요. 평소 편식이 있어 걱정이었는데 오늘 다 먹어서 칭찬했습니다."

"오늘 ○○이가 △△와 서로 친구가 되었다며 알콩달콩 지내는 모습이 참 예뻤어요."

우리 아이에 대한 선생님이 관심이 큰 고마움으로 다가오기에 이런 깜짝 문자가 1학년 학부모님께는 큰 감동이 됩니다. 분명 선생님에게는 시간을 내야 하는 추가 업무이지만 노력 대비 효과가 크답니다.

6 │ 학교와 가정에서 함께 지도해요

'무소식이 희소식이다.' 학교에서는 웬만한 일로는 가정에 연락하지 않기 때문에 학부모들이 흔히 하는 말입니다. 담임 선생님께도 아이의 부정적인 점을 말하는 것이 큰 부담이라는 반증이기도 합니다. 저도 학부모에게 전화하려고 마음먹었다가 '괜히 긁어 부스럼 만드는 것은 아닐까?', '내일은 나아지지 않을까?' 하는 생각에 마음을 접었던 일이 자주 있었습니다. 내가 눈 감고 넘어가면 오히려 편한 것도 사실이고요.

그런데 심한 문제 행동을 하는 아이의 부모님은 아이의 학교생활을 전혀 모르시는 경우가 많습니다. 말썽을 부린 아이들은 집에 가서 학교 이야기를 잘 하지 않거든요. 그런데 아이의 문제 행동이 나아질 거라는 마음에 전혀 연락을 드리지 않으면 아래와 같은 학부모의 하소연이나 반격을 받기도 합니다.

"같은 반 아이 엄마에게서 들었어요. 우리 아이가 수업 시간에 돌아다닌다는데 사실인가요?"

"선생님, 친구들과 이렇게 다툼이 많았는데 그동안 왜 말씀 안 하셨어요?"

"작년 선생님은 아무 말씀 안 하셨어요. 우리 아이는 모범생인 줄 알았어요."

결론은, 아이의 문제 행동은 꼭 학부모에게 알려야 한다는 것입니다.

원래 잘 앉아있던 아이가 어느 순간부터 수업 시간에 자리에서 일어나 교실을 돌아다니기 시작했어요. 주의를 주어도 나아지지 않아 몇 번이나 고민하다가 학부모에게 연락했습니다. 그랬더니 교실을 돌아다니던 아이의 문제 행동이 싹 사라졌습니다. 고학년 학생들은 학부모님께 연락을 드리면 오히려 역효과가 생기는 일도 있는데 1학년 아이들은 대부분 긍정적인 효과가 있었습니다.

"어머니와 상담한 이후로 아이가 수업 시간에 잘 앉아 있습니다. 어머님 덕분입니다."

"좋은 소식입니다. 우리 ○○이가 바른 자세로 수업 참여하도록 집에서도 꾸준히 지도하겠습니다. 또 알려주세요. 선생님, 감사합니다."

학부모에게 '연락을 할까 말까?' 고민했던 시간이 무색하게, 아이의 행동은 쉽게 교정되었고 학부모와의 관계도 좋아졌습니다.

1학년의 5가지 문제 행동 지도하기

요즘 1학년 교실에서는 고경력 선생님도 처음 보는 특별한 문제 행동이 눈앞에 펼쳐집니다. 선생님을 울고 싶게 만드는 1학년의 문제 행동, 성공한 지도 방법과 함께 알려드립니다.

1 고집부리는 아이

고집부리는 문제 행동은 가장 다루기 힘든 것 중 하나입니다. 아이는 제 말이 무조건 맞다 생각하고 선생님이 자기 말을 들어주지 않는다며 매우 속상해합니다. 그래서 선생님의 지도를 받아들이지 못하고 떼를 쓰지요. 가정에서는 아이의 마음을 충분히 들어주고 상황을 설명해 줄 수 있지만, 학교라는 단체 생활에서는 한 명 한 명의 처지와 상황을 다 들어줄 수 없습니다. 학교에서는 내 주장대로 되지 않는 일이 있다는 것에 익숙해져야 하고 받아들이기도 해야지요.

고집 피우는 아이의 감정은 알아주되, 하지 말아야 할 행동에 대해서는 단호하게 대해야 합니다. 그래도 고집을 피운다면 무관심으로 대하는 것이 효과적입니다.

상황

블록 놀이를 하는데 같이 놀이하고 싶은 친구와 한 팀이 되지 않았습니다. 원하는 친구와 같은 팀이 되게 해달라고 떼를 쓰는데도 선생님이 들어주지 않자 씩씩거리며 한 시간 내내 서 있습니다.

지도

"네가 원하는 친구와 블록 놀이를 하고 싶은데 그렇게 되지 않아서 속상하구나. 그런데 지금은 수업 시간이라서 모둠 친구와 활동해야 한단다. 지금은 모둠 친구들과 놀이하고 쉬는 시간에 그 친구와 놀도록 하자."

물론 아이는 선생님 말씀을 따르지 않고 서 있습니다. 그런 아이를 더 달래면 부작용이 일어납니다. '내가 떼를 쓰면 선생님이 나를 달래주는구나. 더 해도 되겠다.'라고 생각하지요. 아이가 따르지 않는다면 그대로 두세요. 한 시간 동안 서서 씩씩대던 우리 반 아이는 다음부터는 그런 고집을 피우지 않았습니다.

상황

"저는 마지막에 발표할래요. 다른 친구들 먼저 발표하고 저는 마지막에 시켜주세요."

지도

"마지막에 발표하고 싶을 만큼 좋은 의견이 있구나. 하지만 발표 순서는 선생님이 정하는 거야. 지금 발표하지 않을 거면 자리에 앉거라."

이렇게 단호하게 말씀하시고 아이를 그대로 두세요. "왜 네 고집대로 하려고 하니?" 등의 말은 더 붙이지 마세요. 무관심으로 대하시면 재미있는 수업에 참여하지 못하는 자신만 손해임을 알게 되고 차차 고집부리는 횟수가 줄어듭니다.

특히 한 아이는 점심도 먹지 않고 고집을 부렸습니다. 입학 초에는 아이를 달래 점심을 먹게 했지만, 점심 식사가 자신의 무기임을 알고 있는 이 아이에게는 큰 결단이 필요했습니다. 학부모님은 아이가 점심 시간에도 고집부리면 달래지 않는 교사의 지도 방법에 동의해주셨습니다. 결국, 아이는 스스로 급식소까지 걸어왔고 고집부리는 행동 빈도가 크게 줄었습니다. 2학기에는 선생님을 잘 따르는 학생, 친구를 잘 도와주는 학생이 되었고요.

2 불평하는 아이

1학년은 주변 상황을 잘 모를 것 같지만 신경을 곤두세우고 불공평함을 호소하는 아이도 있습니다. 그리고 선생님이 결정하는 일을 인정하지 않고 불평하는 웅대한 자아를 가진 아이도 있습니다.

상황

"왜 저 친구는 발표 두 번 시켜줘요?"

"쟤는 왜 안 혼내요?"

"왜 더 놀면 안 돼요?"

지도

공평하게 학생들을 대하시되 때에 따라 선생님이 결정하는 일이
있음을 받아들이게 지도하세요.

"선생님에게 우리 반 친구들 모두 소중해. 그렇지만 발표를 시키거
나 혼내는 것까지 매번 똑같이 할 수는 없어. 친구가 발표를 몇 번
했는지, 친구가 어떤 잘못을 했는지, 선생님이 모두 기억할 수 없
거든. 그래서 한 친구가 여러 번 발표할 때도 있는 거야. 그리고
친구를 혼낼 때도 때에 따라 다를 수 있는 거야."

"선생님은 너희들을 존중해. 그런데 존중한다고 해서 결정할 때마
다 의견을 물어보는 것은 아니란다. 너희에게 물어보는 것이 있고
선생님이 결정하는 일도 있는 거야."

"○○이가 말하는 '왜요?'는 질문이 아니라 불평이야. 우리가 하는
일 중에는 이유 없이 당연히 지켜야 하는 일도 있는 거야. 수업 시
간에 공부하기, 밥 먹고 양치하기, 실내에서 뛰지 않기처럼 말이야."

3 돌아다니는 아이

'1학년은 자리에 앉아만 있어도 잘하는 거다.'라는 말이 있습니다.
그만큼 자리에 앉아있는 것이 1학년에게 쉽지 않은 일이지요. 하지만
돌아다니는 아이가 한 명만 있어도 수업 방해가 되기에 꼭 지도해야 합
니다.

상황

감각 추구를 위해 돌아다니는 아이

지도

수업이 지루해서 돌아다니는 아이입니다. 몸을 움직이는 놀이나 일어서서 하는 활동으로 수업을 진행하면 이 아이들에게 효과적입니다. 그리고 부모님께 아이의 행동을 알리고 아이를 타일러주실 것을 요청하면 나아지기도 합니다.

상황

도움이 필요할 때마다 앞으로 나오는 아이

지도

3월에는 아이들이 "상처가 났어요, 화장실에 가고 싶어요, 머리 묶어주세요, 이거 모르겠어요." 등 다양한 도움을 요청하며 앞으로 나옵니다. 긴급한 도움이 필요한 경우도 있기에 무조건 제지할 수는 없습니다.

화장실은 '브이' 수신호 사용하기(2장_5. '손가락 약속' 참고), '상처 밴드'는 정해진 자리에 두고 스스로 사용하기, 머리를 묶는 것 등은 수업 시간에는 도와줄 수 없다고 일러두면 도움을 받기 위해 나오는 행동이 줄어듭니다.

1) 학습에 도움을 받고자 하는 아이

짝에게 도움받도록 안내하거나, 선생님 자리 옆의 보조 책상에 앉게 하여 아이를 도와줍니다.

2) 제 이야기를 선생님께 말하고 싶어 나오는 아이

'나오지 말고 자리에 앉아.'라는 손가락 약속을 미리 해 둡니다. "수업 중에는 들어주지 못하지만, 쉬는 시간에 꼭 들어줄 테니 선생님이 이렇게 손짓하면 자리에 앉는 거야."하고 말해줍니다.

3) 자신을 통제하는 힘이 약한 아이

정서 불안, ADHD, 느린 학습자 등 원인은 다양합니다.

이러한 학생들은 수업 참여가 아닌 자리에 앉아있기로 목표를 낮춥니다. 아이가 좋아하는 그림 그리기, 종이접기 등을 주어 수업 시간에는 자리에 앉아있게 하는 거죠. 물론 이 지도 방법은 마지막 단계에 쓰도록 합니다. 지도에 따를 수 있는 아이일지 모르는데 너무 이른 시기에 포기하지 않았으면 합니다.

이 단계의 아이들도 재미있는 수업 놀이에는 참여하려고 합니다. 1, 2학년은 놀이, 만들기, 그리기, 꾸미기 등 흥미 있는 활동이 많으므로 점점 수업 참여 시간을 늘려나간다고 생각하는 것이 좋습니다.

4 뛰는 아이

상황

복도와 교실에서 뛰는 아이

지도

뛰는 학생들에게는 걷는 연습을 시킵니다. "뛰면 위험해요. 저기서

부터 다시 걸어오세요."라고 말하면 아이가 뛰는 것을 멈춥니다. 선생님은 걷는 행동을 가르쳤고 아이도 걷는 행동을 연습했습니다. 부정적인 감정은 전하지 않고 목표 행동을 연습한 것이지요. **지도 후에도 뛰는 아이가 있다면 쉬는 시간에 자리에 앉아있게 합니다.** 교실에서 뛰면 쉬는 시간에도 자리에 앉아있어야 함을 몸으로 배우게 합니다.

5 화가 나면 폭발하는 아이

화난 1학년은 참 무섭습니다. 두 주먹을 불끈 쥐고 씩씩거리며, 선생님을 노려보기도 합니다. 그치지 않는 울음으로 수업을 방해하는 아이도 있어요. 범 무서운 줄 모르는 하룻강아지들의 행동은 교권 침해의 상황까지 이르기도 합니다. 화가 나서 폭발한 아이, 이렇게 지도해 보세요.

지도 1. 뚜껑 열린 아이에게 시간 주기

정호중 선생님의 저서 『흔들리지 않는 학급운영의 비밀』에서 화난 아이를 대하는 방법으로 '손바닥 뇌 이론'을 배웠습니다. 우리가 매우 화가 났을 때, 흔히 뚜껑이 열렸다고 표현하지요. 이렇게 뚜껑이 열린 아이들에게는 '네 행동이 잘못되었다.'라고 말해도 받아들여지지 않아요. 화가 난 아이들에게는 **"많이 화가 났구나. 화가 가라앉고 나서 이야기하자. 시간을 줄게."**라고 이야기해 주세요. 뚜껑이 닫히고 화가 가라앉고 나면, 선생님의 이야기가 아이의 마음에 들릴 거예요.

미리 선생님과 연습한 심호흡하기, 숫자 세기, 작은 클레이(점토)나 스퀴시를 만지게 하는 것도 화를 가라앉게 하는 좋은 방법입니다.

지도 2. 행동 수정

화가 나면 크게 고함을 질러서 하루에도 몇 번이나 수업 방해를 하는 아이가 있었습니다. 어떤 방법이 좋을까? 고민하다가 인정욕구가 강한 아이의 특성, 엄마와의 관계가 좋은 아이의 강점을 이용해서 행동 수정 방법 중 '행동 계약 기법'을 사용했습니다. 행동 계약 기법은 목표 행동과 그 결과에 따른 보상을 사전에 계약하는 방법입니다.

이 아이의 목표 행동을 '소리 지르지 않기'로 정하고 수업 시간마다 소리를 지르지 않으면 칭찬 도장을 찍어주었습니다. 소리를 질렀을 때는 세모를 그려주며 어떤 상황이었는지 이야기하고 다음 시간에는 칭찬 도장을 받자고 말해주었습니다. 알림장에는 어떤 상황에서 아이가 소리를 질렀는지, 그리고 어떤 점이 나아지고 있는지 메모하여 학부모님께 전했습니다.

쉬는 시간마다 아이에게 피드백을 주고 상황을 메모하는 일이 쉽지 않았지만, 이 방법은 아이의 수업 방해 행동을 70~80% 줄여주었습니다. 교사에 대한 학부모의 신뢰가 쌓인 것은 물론이고요.

아이의 행동을 기록하니 아이가 언제 화를 내고 어떤 상황이 문제 행동으로 이어지는지 파악할 수 있었습니다. 한 달 후, 수업 방해 행동이 크게 줄어서 이후에는 칭찬 도장이나 알림장 기록 없이 '방어선 구축하기' 단계로 넘어갈 수 있었습니다.

년 3월 24일 목 요일				선생님 확인	보호자 확인
(그 반 지르기)	1교시	2교시	3교시	4교시	5교시
	👍	△	👍		

2교시 수업시간 ①반표 안 지켜주긋다고 분먼 표겠지만 고경지르지
않았어요. 칭찬해다!

② 칠판 부착물 포스트잇는 친구가 싫다고 하드니 만지겨고 함

지도 3. 방어선 구축하기

문제 행동 교정을 다룬 『교실에서 별을 만나다』 책에서 '감정에 휘둘리지 않는 방어선 구축하기'를 배워 지도해 보았습니다.

아이 특성에 맞는 방어선을 구축해 두고 매뉴얼 따라가듯 지도해 보니 저도 감정에 덜 휘둘리고 차분하게 지도할 수 있었습니다. 아이의 행동과 반응을 기록하여 아이의 행동 패턴을 파악한 후, 효과적인 지도 방법을 구축해 보세요.

아래는 자주 화를 분출하는 우리 반 한 아이에게 "화가 너무 날 때는 어떻게 하는 것이 좋을까?" 물어보고 정한 '방어선'입니다.

1차 방어선: 선생님이 숫자를 세어주기. 5, 4, 3, 2, 1.

2차 방어선: '그만해!' 짧고 단호하게 말하기

3차 방어선: 연구실(상담실)에 가기

4차 방어선: 교실 분리하고 학부모 연락하기(학교생활 지도 규칙에 따라)

04 다툼 지도의 매직 문장

1 무슨 일이야?

두 아이가 다투었습니다. 아이 한 명은 씩씩거리고 다른 한 명은 울고 있네요.

"누가 그랬어?", "왜 그랬어?"라고 선생님께서 물어보시면 아이들은 혼이 날까 덜컥 겁이 납니다. "아니, 쟤가요." 억울한 표정과 목소리로 두 번째 다툼을 시작하듯 서로를 탓합니다.

"누가 그랬어?" 대신에 **"무슨 일이야?"** 이렇게 물어보세요. 일어난 일에 집중하게 하면 감정의 진폭뿐 아니라 친구 탓도 줄어듭니다. 그리고 덧붙여 말합니다. **"선생님은 두 친구 이야기를 다 들어 줄 거야. 무슨 일이 있었는지 말해보자."**

2 친구에게 바라는 일을 말해봐

무슨 일이 있었는지 이야기를 들어보면 각자 나름의 속상한 일이 있습니다. "너는 친구가 때려서 속상했구나.", "너는 실수로 친구를 쳤는데 친구가 화내서 속상했구나." 이렇게 속상한 마음을 알아주면 대부분 아이가 스스로 사과하기도 합니다. 그런데 둘 다 사과하지 않으려 할 때는 어떻게 지도해야 할까요? 억지로 사과시켜야 할까요?

이 상황을 해결해 주는 매직 문장은 **"친구에게 바라는 일을 말해봐."**입니다.

"네가 날 때리지 않으면 좋겠어.", "내가 실수를 해서 몰랐으니까 물어봐 주면 좋겠어."

이렇게 서로에게 바라는 일을 말하면 친구가 말한 대로 하겠다고 고개를 끄덕입니다.

키를 돌려 아이들에게 과거가 아닌 미래를 바라보게 하니 누그러진 말투에 한결 풀어진 표정을 짓고 곧 사건이 해결됩니다. 그때 아이들에게 사과를 권해보세요. "우리, 용기 내어 사과할까?"

③ 다음에 이런 일이 생기면 어떻게 할 거야?

우리는 언제든 실수할 수 있고, 속상한 일은 또 있을 수 있어요. 하지만 내일은 오늘보다 더 나은 내가 되어야 해요. 상담을 마무리할 단계에는 오늘 있었던 일을 반성하고 바른 행동을 다짐할 수 있도록 이 질문을 합니다. **"다음에 이런 일이 또 생기면 어떻게 할 거야?"** 아이가 스스로 바른 행동을 떠올렸으니, 아이의 내일이 기대됩니다.

4   어떻게 해결하면 좋을까?

다툼을 해결하는 과정을 몇 번 겪다 보면 아이들도 스스로 해결 방법을 찾을 수 있습니다. 가끔 이렇게 물어보세요. **"어떻게 해결하면 좋을까?"** 선생님이 일일이 속상한 마음을 알아주고 사과를 유도하지 않아도 아이들은 "제가 미안하다고 이야기할래요.", "친구의 실수일 수 있으니까 먼저 고함지르지 않을게요."라고 말하는 날이 옵니다.

매번 선생님이 다툼 해결을 도와주지 마시고 아이에게 물어봐 주세요. 그리고 쉬는 시간에 아이들을 관찰하다가 싸울 듯해 보이는 아이들에게 **"선생님이 도와줄까?"** 물어보세요. 선생님의 질문에 아이들은 현명한 답을 찾는답니다.

5   마음 풀고 하교하기

친구와 다투고 선생님께 혼난 아이는 당장은 시무룩하더라도 금세 기분이 풀어진 듯 보입니다. 하지만 '열 길 물속은 알아도 한 길 사람 속은 모른다.'라는 속담처럼 아이의 마음도 섣불리 단정할 순 없습니다.

특히 다툼 지도 중에 선생님께 혼이 났다면 하교 전에 선생님과 일대일로 마음을 돌아보는 시간을 가지면 좋습니다. **"아까 속상했지?"** 라고 말해주시면 아이 마음에 남아 있던 작은 속상함도 날아가고 아이는 **폴짝폴짝 뛰며 하교**합니다. 마지막 시간에 아이들이 좋아하는 수업을 해서 즐겁게 하교하게 하는 것과 같은 비법이랍니다.

6 오늘 선생님께 말하지 못한 속상한 일이 있나요?

친구와의 다툼을 선생님께 일일이 이르는 아이가 있는가 하면 마음속에 꽁하고 숨기는 아이도 있습니다. 학교에서 말 못 하고, 집에 가서 펑펑 울기도 하고요.

아이들의 다툼 중재에 종일 애쓰고도 학부모에게 "선생님은 왜 모르셨나요?"라는 말을 들으면 얼마나 허탈한지요. 동 학년 선배 선생님께 이 상황을 말씀드리자 이 매직 문장을 알려주셨습니다.

마지막 수업 시간이나 종례 시간에 이렇게 말합니다. **"오늘 선생님께 말하지 못한 속상한 일이 있으면 꼭 이야기하고 갑니다."** 이 한마디로 아이들 사이의 일을 발견하려는 노력을 한 번 더 보일 수 있어요. 또 몰랐던 아이들의 일을 알게 되어 가래로 막을 일을 작은 호미로 막는 큰 효과를 발휘했답니다.

1학년 ADHD 학생 지도하기

1 ADHD의 원인은 무엇일까?

20년간 진료 현장에서 10만 명에 달하는 아이들을 만나 진료하신 아주대 정신건강의학과 신윤미 교수님이 쓰신 『ADHD 우리 아이 어떻게 키워야 할까』 책을 읽고 ADHD를 공부했습니다.

ADHD는 전전두엽이 다소 늦게 발달하여 생긴 질환으로 ADHD 아이는 집중력과 사고 조절, 감정 조절에 어려움을 겪고, 해서는 안 될 행동을 억제하는 브레이크 기능에도 빨간불이 켜진다고 합니다.

ADHD 아이들이 말썽을 피우는 것은 의지의 문제가 아니라 뇌의 문제이며, 뇌의 성장이 지연된 것이기에 주변 사람들이 도와주고 기다려줘야 하고요.

저는 1학년 ADHD 학생을 만난 첫해에 "너는 왜 그러는 거니?" 하고 아이에게 맞서 화를 냈습니다. 아이가 일부러 말썽을 피운다고, 자기 마음대로 하려고 고집을 피운다고 생각했거든요. 그런데 ADHD를 공부하고 경험을 쌓은 후에는 아이에게 화내지 않으려고 무던히 노력했습니다. '이 아이가 일부러 그러는 것이 아니다.'라는 사실을 계속 상기했습

니다. (아이를 지도할 때 감정적으로 화를 내지 않는다는 뜻이며, 문제 행동을
단호하게 지도하는 원칙은 그대로입니다.)

2 반 아이들에게 도움 청하기

저는 이 아이들을 '마음이 천천히 자라는 아이, 주변 사람들이 도
와주고 기다려 주면 자라는 아이'라고 생각하게 되었습니다. 다만 조건
이 있습니다. 부모님, 선생님, 친구들 그리고 같은 반 학부모님을 포함
한 주변 사람들이 도와주고 기다려 주어야 합니다. 학급 친구들이 이
아이를 이해할 수 있도록 마음을 '컵'에 비유하며 설명해 주었습니다.

"(컵 그림을 그리며) 우리 친구들 마음의 컵 크기는 대부분 이만해
요. '화'라는 감정을 마음 컵에 부으면, 이렇게 컵에 차요. 이 정도
는 담을 수 있어서 우리는 화를 참을 수 있어요. 그런데 어떤 친구
는 마음 컵 크기가 아직 작아요. 그래서 화가 나면 다 담지 못하고
넘쳐서 화를 내고 고함을 질러요. 그런데 이런 친구의 마음 컵도
여러분처럼 커질 수 있대요. 이 친구들의 컵은 천천히 커지는데 우
리 친구들이 도와주면 더 빨리 커질 수 있어요. **친절하게 말하기,
마음 물어보기, 그럴 수 있다고 말해주기, 친구가 화가 났을 때 기
다려 주기**입니다. 여러분, 우리 친구를 도와줄 수 있나요?"

제가 1학년 ADHD 학생과 두 해를 무사히 보낼 수 있었던 것은
온전히 우리 반 아이들 덕분이었습니다. 아이가 화를 내고 고함을 지르
면 친구들은 "왜 그래? 속상했어?"라고 물어봐 주었습니다. 친구의 나아
진 점을 찾아서 칭찬해 주었습니다. 덕분에 우리 반 ADHD 아이들의

마음 컵은 일 년 사이에 몰라보게 커졌습니다.

③ 상담 및 치료 권하기

1학년 담임 선생님은 학부모에게 아이의 상담이나 치료를 처음 권하는 사람이기에 참 부담스럽습니다. '우리 아이가 아직 어려서, 장난이 심해서 그럴 거야.'라고 생각하는 학부모도 있고 상담이나 치료를 권유하는 교사의 말을 오해하는 학부모도 있으니까요. 말을 꺼내서 오히려 곤란한 상황이 될까? 망설여지는 것이 사실입니다. 그래도 **심한 ADHD 증상을 보이는 학생이 있다면, '아이'를 위해 상담이나 치료를 권해야 합니다.**

1) 첫 상담에서는 ADHD를 언급하지 않습니다

'ADHD'라는 말을 언급하지 않고 선생님이 관찰하신 장면을 객관적으로 전달하는 것이 어떨까요? 선생님이 선입견을 갖고 아이를 보고 있지 않음을 학부모가 느낄 수 있도록요. 그리고 다른 아이들과 마찬가지로 아이의 좋은 점 한 가지를 말씀드려 학부모와 좋은 관계를 쌓습니다.

2) '아이가 힘들어하는 부분'에 초점을 맞춥니다

'수업 방해가 된다, 우리 반 아이들이 힘들어한다.'라는 말은 삼가고, 아이가 학교생활에서 힘들어하는 부분에 초점을 맞추어 이야기합니다. "수업에 집중하지 못해 자주 주의를 받고 친구와 다툼이 잦습니다. 아이가 보이는 모습이 ADHD의 증상에 가깝습니다. 학교생활에서 부정적인 경험이 쌓여 아이의 정서적, 지적 발달에 좋지 않은 영향을 끼칠까 걱정됩니다." 아이가 학교에서 어려움을 겪고 있음을, 그런 아이를 선생님께서 진심으로 걱정하고 있음을 전합니다.

3) 1학년은 상담과 치료를 시작하기에 좋은 시기임을 알려드립니다

"1학년들은 친구와 다투어도 금세 관계를 회복합니다. 하지만 학년이 올라갈수록 아이들은 친구를 구분하기 시작합니다. 같이 놀고 싶은 친구와 그렇지 않은 친구로요. 여러 친구들과 스스럼없이 어울리는 1학년 때 치료를 시작하는 것이 아이의 교우 관계에 좋습니다."

4) 병원 진료와 진단이 우선임을 알립니다

"선생님은 아이를 관찰한 바를 학부모님께 전해드릴 뿐, 진단을 내리는 것은 전문 의사의 영역입니다. 그러니 부모님께서 신뢰하시는 병원에서 진료를 받아보세요. 제대로 된 검사와 진단을 받아야, 차후에 약을 복용할 때도 마음이 흔들리지 않습니다."

4 ADHD 학생 지도하기

ADHD 학생도 4장_3. '1학년의 5가지 문제 행동 지도하기'와 같이 지도했습니다. 덧붙여 신윤미 교수님 책에서 배운 'ADHD 학생에게 효과적인 지도 방법'도 알려드립니다.

1) 아이의 기분이 괜찮을 때 말하기

ADHD 학생은 매우 화가 나면 선생님 말씀이 전혀 들리지 않는 듯합니다. "잠시 있다가 이야기하자."라고 말하고 아이에게 시간을 주었어요. 특히 클레이(점토)를 만지게 하거나, 원할 경우 다른 공간으로 이동하게 하면 화를 가라앉히는 데 큰 도움이 되었습니다.

2) 짧게 핵심만 말하기

ADHD 아이들에게 길게 말하는 건 소용이 없습니다. "왜 이렇게 돌아다니니? 아침 시간에 돌아다니면 친구들에게 방해가 되잖아."처럼 길게 말하지 않고 아이가 해야 할 행동을 짧게 말합니다. "가방 정리하고 자리에 앉아라."

3) 폭풍 칭찬으로 바른 행동 유도하기

우리 반 ADHD 한 아이는 줄을 참 잘 섰습니다. 선생님과 아이만 아는 눈빛과 엄지 척으로 비밀 칭찬을 해주고, 가끔 친구들 앞에서도 칭찬해 주었습니다. 아이는 줄을 설 때마다 칭찬해 주실 선생님을 바라며 바른 자세로 줄을 섰습니다. 이렇게 아이가 잘하는 한 가지를 포착하여 폭풍 칭찬해 주시면 아이의 인정욕구가 충족되고, 바른 행동을 하고자 하는 내적 동기 형성에 큰 도움이 됩니다.

4) 선택권 주기

충동성이 강한 아이들은 매우 화가 났을 때 강압적인 어른의 행동에 더 발끈하며 반응하는 경향이 있었습니다. "지금 화가 많이 났는데

교실에 있는 게 나을까? 아니면 잠시 연구실에서 마음 가라앉힐까?",
"잠시 클레이를 만지면서 마음 가라앉히는 게 어때?" 이렇게 선택권을
주면 아이는 제 발로 저벅저벅 걸어 나가 마음을 가라앉힙니다.

06 1학년 선생님의 멘탈 관리법

1 그런 하루가 있다

1학년 교실은 하루하루가 안 힘든 날이 없지만, 마음이 땅으로 꺼져버릴 정도로 힘든 날이 있습니다. 그날은 하루에 굵직한 사건이 세 개나 터진 바람에 시쳇말로 멘탈이 나가버릴 정도였습니다. 저는 우연히 복도에서 만난 선배 선생님께 구구절절 하소연했습니다.

"선생님, 나도 그래요. 그런 하루가 있어요."

선생님도 최근 겪으셨던 일을 알려주시면서 그런 하루가 지나고 나면 또 괜찮은 하루가 온다고 말씀해 주셨습니다. '나에게는 오늘이 그런 하루겠지.' 선배님께서 해주신 말씀 덕분에 위태했던 마음이 다행히 무너지지 않았습니다.

다음 날, 전날 친구를 때린 아이와 아침 인사를 하려는데 아이가 갑자기 생각났다는 듯 가방을 내려놓고 주섬주섬 뭔가를 꺼냈습니다. 아이 손톱에 긁혀 손목에 상처가 난 선생님에게 줄 밴드와 앞으로의 다짐을 쓴 손편지였습니다.

어제는 천둥 번개가 치고 비가 내리더니 오늘은 쨍하니 날이 맑습니다. 흠뻑 젖은 땅이 오히려 촉촉하기까지 합니다. 하루아침에 이렇게 달라지나요? 선배님 말씀대로 그런 하루가 있는가 봅니다. 다음에 또 비가 내리더라도 우산을 꽉 잡듯, 멘탈을 붙잡아야겠습니다. 맑은 날을 기대하면서요.

2 아이와 선생님에게 맞는 열쇠를 찾으세요

1학년 교실은 '두더지 게임'을 떠오르게 합니다. 한 명을 정성 들여 지도해 놓으면 또 다른 아이가 존재감을 드러냅니다. 입학 후 적응 기간을 보내고 난 4, 5월이 되면 아이들은 진짜 모습을 진하게 드러내거든요. 녹음이 무성한 정글 숲과 같은 시기를 잘 보내기 위해서, 다양한 솔루션을 준비해 두세요.

마음 알아주기, 기다려 주기, 원칙 말하기, 친절하면서도 단호한 선생님의 모습 보이기, 약속하기, 무관심으로 대응하기, 선택권 주기, 학부모에게 연락하기 등 다양한 방법을 찾아 두었습니다. 이 열쇠, 저 열쇠를 끼우다 보면 1년이 갑니다. 다양한 열쇠를 쥐고 있으면 아이에게 맞는 열쇠가 나타납니다. 그렇게 선생님과 아이는 한 뼘 성장하고요.

3 동 학년 선생님들과의 힐링 타임

선생님, 힘든 날에는 옆 반 교실 문을 똑똑 두드리고 동 학년 선생님들과 커피 한 잔 함께 마시세요. 서로 눈만 바라보아도 오늘 하루가 얼마나 수고로웠을지 알 수 있어요.

"오늘 만들기 수업을 했는데, 제가 스무 개를 다 만들었어요."

"오늘 수업하는데 아무도 저를 안 보고 있었다니까요."

"어제 체육수업을 했는데 아이 다리에 알이 배었다는 민원을 받았어요."

오늘 너무 힘들었다며 울상을 지었던 선생님들과 힐링 타임을 보내고 나면 "아, 이제 기분이 좋아진다. 오늘 힘든 게 아무것도 아닌 것 같다." 하며 자리에서 일어나곤 합니다.

'나만 이렇게 힘든 게 아니구나! 1학년이 원래 힘들구나! 그럴 땐 이렇게 해보면 되겠구나!'

동지애마저 느껴지는 선생님들과 나눈 '진짜 공감'은 고통을 줄여주고, 전장을 함께 헤쳐나갈 힘을 키워줍니다.

특히 혼자 해결하기 힘든 민원이 생기면 동 학년 선생님께 먼저 도움을 청하세요. 다양한 경험을 가진 동료 선생님과 함께 고민하면 분명 더 나은 방법을 찾아낼 수 있습니다.

문제 행동을 줄이는 자존감과 소속감

무기력, 반항, 분노와 같은 문제 행동의 근원적인 원인은 무엇일까요? 저는 정호중 선생님의 저서 『흔들리지 않는 학급운영의 비밀』에서, '아들러 철학에서는 아이의 소속감과 자존감이 제대로 채워지지 않았을 때 문제 행동이 발현하는 것으로 본다'는 내용을 읽고 문제 행동을 하는 아이의 눈빛과 행동이 이해되었습니다.

그리고 보니 학급에서 인정받지 못하고 늘 혼나는 아이는 자존감이 낮고, 화를 무기력·반항·분노로 표현했습니다. 그런 아이도 우연한 기회에 '나도 우리 반에 도움이 되는 학생이야.' 소속감을 느끼게 되면 표정이 밝아졌고 더 잘하고 싶어 했습니다. 특히 1학년 아이들은 효과가 즉각적으로 나타나기에 지도하는 선생님도 힘이 납니다.

1 칭찬해 주세요

자존감과 소속감을 갖게 하는 가장 빠르고 쉬운 방법은 역시 칭찬입니다. 다행히 초등학교 교실에서는 학습 이외에 칭찬할 거리를 찾기 쉬워요.

"선생님을 잘 바라보았어. 인사를 잘했어. 그림을 열심히 그렸구나!" 아이가 노력한 순간, 성장한 순간을 찾아서 인정해 주세요.

"종이접기를 잘하네. 그림을 잘 그리네. 줄넘기를 잘하네.", "청소를 잘하는 네가 있어서 우리 교실이 깨끗해." 잘하는 것 한 가지를 찾아 칭찬해 주세요.

하루는 반항적이었던 한 아이가 선생님이 '주의'를 주는 말에 "네." 하고 대답을 잘했어요. 대답을 잘한다고 크게 칭찬해 주었더니 이후에도 퉁명스레 화내지 않고 "네."하고 대답을 잘하게 되었습니다. 이렇게 칭찬이 심어준 자존감의 힘으로 아이들은 좋은 행동 한 가지씩 장착해 나갑니다.

2 친구를 칭찬하는 미션을 주세요

"선생님, ○○ 때문에 시끄러워요."

"선생님, ○○가 제 연필 망가뜨렸어요."

문제 행동을 하는 아이에 대한 불만을 한 명이 말하기 시작하면 다른 아이들도 덩달아 불만을 쏟아냅니다. 이 상황이 익숙한 아이는 고개를 떨구고 낯빛은 어두워집니다. 분위기 반전이 필요합니다.

"애들아, 너희가 불평하는 말을 듣고 ○○가 그런 행동을 멈췄어? 아니지? 선생님이 비밀을 알려줄게. 친구들이 칭찬해 주고 응원해 주면 ○○의 잘하고 싶은 마음이 솟아나게 돼."

그 친구가 고개를 끄덕입니다. 그리고 덧붙여 아이들의 눈을 번쩍

뜨이게 할 미션을 줍니다.

"오늘 우리 친구들에게 특별 미션을 줄게. ○○를 칭찬하거나 용기 나는 말을 한마디 하는 게 오늘 미션이야. 성공하는 친구들에게 선생님이 선물을 줄 거야. 그리고 ○○를 보자. 우리가 칭찬해 주면 정말 잘하게 되는지 아닌지."

○○는 칭찬 속에 폭 담기는 특별한 경험을 하였고, 숨길 수 없이 올라가는 입꼬리를 하고 예쁜 행동을 했습니다. 게다가 우리 반 친구들의 칭찬 스킬이 자랐습니다. 친구의 좋은 점을 잘 찾았고 친구의 예쁜 행동을 바라는 마음을 담아 칭찬했습니다. 1학년에게 효과를 톡톡히 볼 수 있는 이 칭찬 미션, 꼭 해보시길 바랍니다.

3 스스로 칭찬해요

친구를 칭찬하면 "선생님, 저는요?"라고 말하며 과하게 칭찬을 요구하는 학생은 오히려 자존감이 낮은 학생일 수 있습니다. 책 『모두가 참여하는 수업에는 법칙이 있다』의 저자 한형식 선생님은 발표나 활동을 잘한 학생들 모두에게 '슬기로운 머리'라고 말하게 하며 스스로 칭찬하게 했다고 합니다.

저는 이렇게 이야기해 줍니다. "내가 잘했을 때 가장 기쁜 사람은 바로 나야! 나에게 칭찬을 해주자." 양손을 엑스 모양으로 교차한 후 자기 어깨를 토닥이는 '나비 박수'를 하게 합니다. 자존감을 키우는 좋은 방법입니다.

4 역할을 주세요

어른도 그래요. 내가 속한 집단에 도움이 되면 뭐든지 할 수 있을 것 같은 효능감이 드는데, 내가 쓸모없다고 느껴질 때는 한없이 작아지고 부정적인 감정에 휩싸입니다. 그러니 **자존감과 소속감이 낮은 아이에게는 일부러 역할을 더 주세요.**

돌아가면서 '오늘의 반장'을 맡게 하면 아이의 자존감과 소속감을 높입니다. 그리고 아이가 맡은 학급의 1인 1역을 잘할 수 있게 지지한 후 열심히 한 모습을 친구들 앞에서 인정해 주세요. 1인 1역 이외에도 학급 일을 더 맡겨주세요. '분실함에 있는 연필 깎아 두기, 물티슈 한 장으로 선반 닦기' 아이가 한 행동이 우리 반에 큰 도움이 되었다고 칭찬해 주시면 얼마나 으쓱해하는지요. 이처럼 소속감은 더 나은 내가 되게 합니다.

5 놀이를 주세요

점심시간이나 중간 놀이시간에 친구들의 놀이에 훼방을 놓거나 친구와 곧잘 다투는 아이가 있나요? 그렇다면 아이가 그 시간에 할 놀이가 있는지 살펴봐 주세요.

우리 반 아이들은 점심시간에 저마다 바쁩니다. 땀 흘리며 줄넘기를 신나게 하는 아이, 도서관에서 책 빌리는 재미에 빠진 아이, 연결 큐브, 사각 블록, 나무 블록 놀이로 바쁜 아이, 선생님 심부름하기를 좋아하는 아이.

점심시간에 할 수 있는 것을 하나씩 늘려주시면 아이들은 저마다 하고 싶은 일을 선택해요. 선택지가 많을수록 좋아요. 그리고 선생님께서 "블록 잘 만들었네. 줄넘기 정말 많이 늘었다. 심부름을 해 줘서 고맙다." 칭찬과 격려를 듬뿍 해주세요. 내가 좋아하고 잘하는 놀이를 하다 보면, 자존감이 높아질 뿐만 아니라 다툴 시간도 없어집니다.

6 칭찬 마니또

저학년이든 고학년이든 칭찬하는 학급 분위기를 만드는 만능 활동인 '칭찬 마니또'를 소개합니다. 기존 마니또 활동처럼 제비뽑기로 마니또 친구를 뽑아요. 그리고 일주일 동안 마니또의 좋은 점을 찾아 칭찬을 해주는 거예요. '친구는 그림을 잘 그려요.'처럼 잘하는 것이나 '친구는 친절하게 말해요.'처럼 좋은 점을 찾습니다. 마니또는 비밀 친구이기 때문에 들키지 않으려면 여러 친구에게 칭찬을 해주면 됩니다. 그 과정에서 서로 칭찬하는 훈훈한 분위기가 만들어집니다.

금요일에 마니또 발표를 합니다. 먼저 제비뽑기로 한 명의 이름을 부릅니다. 그 친구는 일어서고, 자신의 칭찬 마니또가 누구인지 예상해 봅니다. 그리고 '하나 둘 셋!' 하면 진짜 칭찬 마니또가 일어납니다. 다시 그 친구의 칭찬 마니또가 '하나 둘 셋!' 하면 일어섭니다. 반복하여 모든 학생의 칭찬 마니또를 공개합니다. 아이들은 마니또를 찾는 일에 설레하고, 친구가 해주는 칭찬에도 행복해합니다. 누구 하나 소외되지 않고 자존감과 소속감을 높여주는 이 활동을 꼭 해보시길 바랍니다.

7 미덕 교육

권영애 선생님의 『그 아이만의 단 한 사람』이라는 책을 읽고 미덕 교육(버츄 프로젝트)을 알게 되었습니다. 그 이후로 미덕 교육은 제 학급 경영의 바탕이 되었습니다.

미덕 교육의 기본 전제는 '아이들의 존재 내면에 이미 미덕의 원석이 있다'고 믿어주는 것이며 교사의 역할은 그 원석을 갈고 닦아 보석을 만들도록 돕는 것입니다.

흔히 '사람은 고쳐 쓰는 것이 아니야'라고 우스갯소리 하듯 말하지만, 선생님에게 이 말은 교육의 힘을 부정하는 무서운 말입니다. 대신에 '아이에게 미덕이 있다'라는 전제를 설정해봅시다. 그리고 아이에게 **"녀에게는 많은 보석이 있어."**라고 알려주고, 아이가 문제 행동을 할 때는 **"지금 네 보석이 자고 있어서 그래. 네 보석을 깨워봐."**라고 말합니다.

이 말은 '나에게 많은 보석이 있다고? 내 원래 모습을 찾아야지!'라는 생각으로 이어집니다. 숨어 있던 아이의 자존감이 제 모습을 찾고 미덕 보석을 찾는 지름길이 펼쳐집니다.

친구를 바라보는 아이들의 시선도 바꾸어줍니다. 미덕 언어를 배운 아이들은 친구들을 보석으로 대합니다. 선생님이 가끔 지칠 때, 반 아이들이 친구를 귀하게 대하는 모습은 선생님에게 큰 힘을 주지요. 남을 돕는 착한 행동을 보기만 해도 신체적 면역 효과가 높아지는 것을, '테레사 효과'라고 부릅니다. 미덕의 언어로 이야기하는 우리 반에 가득한 긍정적인 기운을 '미덕 효과'라고 부르고 싶습니다. 1학년들과 함께 한 미덕 교육을 소개합니다.

1) 1단계 : 미덕 소개하기

책에 나온 52가지 미덕 중 1학년도 이해할 수 있는 미덕 24개를 추렸습니다. 기본 학교생활 규칙을 익힌 3월 중순 이후부터 하루에 한 가지씩 미덕을 소개해주었습니다. 미덕의 뜻과 미덕을 실천한 예를 알려주었고, 오늘 내가 실천할 행동을 한 가지 골라 짝과 이야기하게 했습니다.

<미덕 소개하기>

· 오늘의 미덕: 우정

· 우정이란?: 친구 사이에 서로 믿고 배려하는 마음입니다.

· 우정 실천하기: 친구가 다쳤을 때 보건실에 같이 갑니다.

　　　　　　　친구가 속상해할 때 위로해 줍니다.

　　　　　　　친구가 실수했을 때 "괜찮아"라고 말해줍니다.

　　　　　　　친구가 혼자 있을 때 함께 놀자고 말합니다.

1학년 아이들은 예쁜 보석의 색과 모양을 눈여겨보고 보석과 미덕을 같은 것으로 생각했습니다. 예쁜 보석 모양으로 만든 미덕 보석을 보여주고 교실에 게시했습니다.

가장 갖고 싶은 미덕을 한 가지 골라 이름 앞에 붙여서 '열정 ○○○'과 같은 이름표를 만든 후, 오늘의 반장을 맡은 학생 이름표를 칠판에 붙여주었습니다. 반장의 이름을 부를 때 꼭 미덕을 붙여 불러주었습니다.

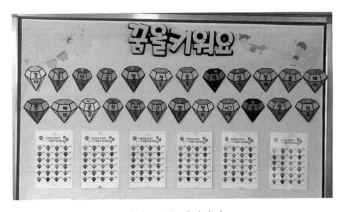

미덕 보석 게시하기

미덕 이름표

2) 2단계 : 미덕의 언어로 대화하기

고학년과는 미덕 칭찬샤워, 미덕 통장, 미덕 방패 등 다양한 활동
을 했지만 1학년들은 미덕의 언어를 자주 사용하는 것만으로도 미덕을
일깨우기에 충분했습니다.

· 미덕 칭찬: "○○는 긍정 미덕이 빛나는구나."

· 수업 시간: "오늘 모둠 활동할 때는 어떤 미덕이 필요할까요?"

· 문제 행동 지도: "너에게는 인내의 미덕이 있어. 인내 미덕을 깨워보자."

· 새 학기 다짐: "2학기에는 어떤 미덕을 키우고 싶나요?"

CHAPTER

05

1학년 수업하기

---

1 발표 수업

친구들 앞에 나와서 좋아하는 책을 소개하는 국어 시간입니다.
"○○○, 나오세요." 했더니, 부끄러워 미적거리는 아이가 있고, 폴짝폴짝 뛰어나오는 아이, 춤추며 나오는 아이도 있습니다. 1학년은 발표 자세부터 가르쳐주어야 합니다. 걸어 나오는 바른 자세를 알려주고 발표 전, 발표 후에 공수 인사를 하게 합니다. 그리고 어떤 말로 시작하여야 하는지 '발표하는 말의 틀'을 알려줍니다.

> **· 좋아하는 책 소개하기**
> "제가 소개할 책은 (   )입니다. 이 책은 (   )해서 좋아합니다."
> **· 가족 소개하기**
> "이분은 저의 (   )입니다. (   )는 (   )을 좋아합니다."

학급 전체로 한 번, 혼자 그리고 짝과 발표 연습을 합니다. 이렇게 발표 자세와 발표하는 말의 틀을 익히고 연습하면 학생다운 발표 능력을 갖추게 됩니다.

2 역할 놀이

1학년 역할 놀이 수업이 어렵다고 하시는 선생님이 많습니다. 하지만 사실 1학년은 역할 놀이를 잘합니다. 쉬는 시간에 "나는 엄마 할게.", "내가 딸 할게." 이렇게 역할 놀이를 하고 있거든요.

1학년들과 역할 놀이를 재미있게 하는 **첫 번째** 비결은 **아이들과 핵심 대사를 만드는 거예요.** 역할 놀이는 역할극과 달리 정해진 대사 없이 하는 놀이지만 핵심 대사가 없으면 역할 놀이 진행이 안 됩니다. 그렇다고 해서 선생님께서 만드신 대사를 출력해주면 아이들은 극본을 더듬더듬 읽느라 즉흥 대사를 주고받는 재미가 사라집니다. 그래서 아이들의 의견을 수용하여 만든 핵심 대사를 칠판에 적어둡니다. 대사를 직접 만드는 부담은 덜면서 적절히 대사를 바꿀 수 있어 학생들의 개성과 생각이 반영된 생생한 역할 놀이가 됩니다.

두 번째 비결은 핵심 대사를 외우게 하는 것입니다. 1학년에게 어렵지 않냐고요? 핵심 대사를 만들고 연습하면서 대사는 저절로 외워집니다. 핵심 대사를 외우면 대사를 잊어버려서 관객들이 답답해하는 상황을 예방할 수 있습니다. 핵심 대사를 칠판에 적어두면 깜빡 잊었다가도 살짝 볼 수 있어 좋습니다.

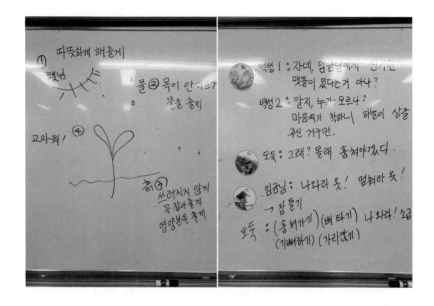

대사를 외우면 역할 놀이가 훨씬 생생해집니다. 대사를 외운 아이들은 표정과 동작이 풍부해지고 흔히 말하는 애드리브(즉흥 대사)까지할 수 있어요. 아이들 개성에 따라 전형적인 역할 놀이부터 재미나 감동을 주는 역할 놀이까지 볼 수 있습니다. 드라마나 연극보다 재미있다면 믿으실까요? 배 잡고 깔깔 웃는 아이, 역할 놀이가 재미나서 또 하겠다 하는 아이, 우리 반 친구들이 연기를 잘한다고 칭찬하는 아이. '역할 놀이'는 아이들이 사랑하는 수업입니다.

세 번째 비결은 역할 놀이 전에 모두 함께 연습하는 것입니다. A, B, C의 역할이 있다면 A 차례에 우리 반에서 A를 맡은 학생이 함께 연기합니다. 어떤 표정을 지으면 좋을까? 어떤 동작을 할까? 선생님께서적절한 질문을 해주시면 아이들은 어울리는 표정과 동작을 떠올리고 같은 역할을 맡은 아이들은 서로에게 배웁니다. 한 명만 대사를 못 해도역할 놀이는 재미가 없는데, 이렇게 함께 연습하면 어느 한 명 빠지는 학생 없이 모두 참여하게 됩니다.

　그리고 선생님께서 역할을 정해주시면 좋습니다. 저는 모둠 번호순으로 역할을 정해줍니다. 1학년들은 원하는 역할을 맡겠다며 다투다가 역할 놀이를 시작도 못 하는 일이 있는데, 선생님이 정해주시는 역할은 잘 따릅니다. 다만, 꼭 하고 싶은 역할을 주장하는 학생이 있고, 모둠원들이 흔쾌히 양보해준다면 모둠에서 역할을 정할 수 있게 했습니다.

3 　몸으로 말해요

　'몸으로 말해요'는 몇 아이들이 몸동작으로 문제를 내고 나머지 학생들이 맞히는 놀이입니다. 집중력이 낮고 움직임 욕구가 큰 우리 1학년들에게 가장 추천하는 활동 중 하나예요.

　'몸으로 말해요' 놀이할 때 문제를 내는 학생을 한 명이 아닌 여러 명으로 해보세요. 한 명이 실수로 힌트를 잘못 주어 답을 찾지 못하는 상황을 예방하고, 문제를 낼 기회가 여러 번 돌아와서 좋습니다.

　답을 맞힐 때는 선생님의 정답 구호 '하나 둘 셋'을 듣고 동시에 말하게 하세요. 답을 일찍 알게 된다면 손만 들고 있게 합니다. 답을 보드판 등에 쓰게 한다면 칠판에 여러 가지 답변을 적어두고 골라서 쓰게 하세요. 답을 한글로 쓰기 어려워하는 아이들도 수업에 참여할 수 있습니다.

　정답이 뻔한 문제를 내고 맞히는 단순한 놀이라고 생각할 수 있지만, 1학년은 뻔히 아는 그것을 맞히는 놀이가 너무 재미나서 어쩔 줄 몰라 한답니다.

4 가사 알아맞히기

'1학년 가창 수업을 어떻게 하면 아이들이 재미있게 할까?' 고민하다가 떠올린 방법입니다.

아이들에게 교과서를 보지 않게 하고 가사를 미리 적어 둔 보조칠판을 보여줍니다. 가사 중 적절한 곳에 빈칸을 두고요. 그리고 아이들에게 노랫말의 빈칸에 들어갈 낱말을 맞히게 합니다. 아이들은 칠판의 가사를 읽고 정답을 추측하여 발표합니다. 선생님은 아이들이 발표한 낱말을 빈칸 밑에 적어줍니다. 그 후에 오늘 배울 노래를 들어봅니다. 노래를 확인하면 십중팔구 학생들이 추측한 답에 노랫말의 정답이 있습니다. 이렇게 하면 오늘 공부할 노래에 대한 궁금증을 유발하고 가사의 뜻을 더욱 잘 이해하게 된답니다.

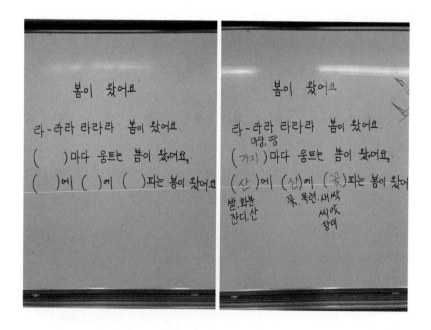

5　가사 지우며 노래 외우기

　1학년 교과서에 수록된 노래는 짧고 따라 부르기 쉬워서 아이들이 쉽게 익힙니다. 하지만 단순히 노래를 반복해서 부르면 지루해지기 쉽습니다. 그래서 칠판에 적어 둔 노래 가사를 한 구절 또는 한 문장씩 지워나갔습니다. "선생님이 어느 가사를 지우는지 잘 보세요." 외우기 쉬운 부분의 가사부터 지우고 반주를 재생합니다. 가사를 외우는 놀이가 더해져 아이들은 재미있게 노래를 부르고 금세 가사를 외웁니다.

　가사를 외우고 나면 율동하기, 합주하기, 가사 바꾸기 등의 다음 활동이 수월해집니다.

6　교과서 그림으로 수업하기

　1학년 교과서를 처음 보았을 때 텍스트 대신 지면을 차지한 그림을 보고 "도대체 뭘 가르치라는 거지?" 하고 놀랐습니다. 하지만 1학년 수업을 해보니 교과서 그림에 많은 것이 숨겨져 있다는 것을 알게 되었고, 그림을 활용하여 수업하게 되었습니다. 교과서 그림으로 진행한 수업을 소개합니다.

1) 흉내 내는 말 찾기

　학생들에게는 96칸 라벨지를 주고 교과서 그림에 어울리는 흉내 내는 말을 쓰게 합니다. 그리고 확대 출력한 교과서 그림에 붙이라고 합니다. 학생들이 직접 흉내 내는 말을 떠올려보는 능동적인 활동이 되고, 손들고 발표하지 않아도 내 생각을 공유할 기회가 생깁니다. 큰 교과서 그림 앞에 모여, 친구들이 쓴 흉내 내는 말을 보며 웃는 아이들! 스스로 공부하고 친구에게 배우는 멋진 수업이 됩니다.

2) 이웃들의 고마운 점 쓰기

교과서에는 여러 이웃들의 모습이 그려져 있고 '주변 이웃들의 고마운 점'을 찾아 말하는 활동이 안내되어 있습니다.

확대 출력한 교과서 그림과 문장을 쓸 수 있는 긴 라벨지를 모둠별로 배부합니다. 교과서 그림에서 고마운 이웃을 찾고, 이웃의 고마운 점을 라벨지에 써서 붙이게 합니다. 전체 수업에서 한 명씩 발표하며 공유하는 것보다 학생들은 더 적극적으로 활동에 참여합니다. 이 외에도 숨은그림찾기, 퀴즈 맞히기, 교과서에서 보이는 것 돌아가며 말하기 등 교과서 그림을 활용하여 재미있는 수업을 구상해 보세요.

7 발표 수업에는 미션 주기

발표 수업에는 발표자 못지않게 듣는 학생의 태도가 중요합니다. 아무리 발표를 잘한다 해도 듣는 학생들이 집중력을 잃으면 분위기가 흐트러질 수밖에 없어요. 1학년들이 잘 듣게 하려면 어떻게 해야 할까요? 바른 듣는 자세와 경청의 중요성 알기, 서로 칭찬하고 격려하는 긍정적인 학급 분위기가 큰 도움이 됩니다. 여기에 학생들의 듣는 힘을 유지하기 위해서는 한 가지가 더 필요합니다.

듣는 학생들이 집중할 수 있는 미션을 주는 것입니다. 발표를 들으면서 할 일을 주면 자연스레 열심히 듣게 된답니다.

---

1. 발표 내용을 듣고 잘한 점 칭찬하기

- 잘한 점 칭찬하기, 칭찬이 적힌 라벨지를 친구 책에 붙이기

2. 발표 내용에서 궁금한 점 질문하기

- 궁금한 점 질문하고 답하기

3. 친구의 발표를 듣고 평가하기

- 나와 생각이 같은지 ○, △, X 표시하기, 별점 ☆ 주기

---

8 그림책 활용 국어 문법 수업

1학년 국어 교육과정에는 문장부호, 겹받침, 흉내 내는 말 등을 배우는 문법 수업이 있습니다. 교과서 활동으로 문장부호의 쓰임을 알고, 겹받침이 들어간 글자를 읽고, 흉내 내는 말이 무엇인지 배운 후 그림책에서 오늘 배운 내용을 찾는 활동을 해보세요.

그림책에서 문장부호, 겹받침, 흉내 내는 말을 찾아 나만의 미니북을 만들거나 포스트잇에 옮겨 적은 후, 큰 종이에 붙이는 활동을 해보았습니다. 아이들은 그림책을 유심히 읽다가, "진짜 느낌표가 있어요!" 보물을 찾은 것처럼 기뻐합니다. "느낌표가 없어요." 느낌표를 공부했음에도 그림책 문장 속 문장부호를 찾지 못하는 학생들은 개별 지도합니다.

그림책에 숨어 있는 교과서 속 지식을 발견하는 재미, 내가 찾은 문장으로 나만의 책을 만드는 재미, 내가 찾은 보물이 교실에 게시되어 성취감을 맛보는 재미에 아이들은 수업인지 놀이인지 모를 정도로 즐겁게 공부한답니다.

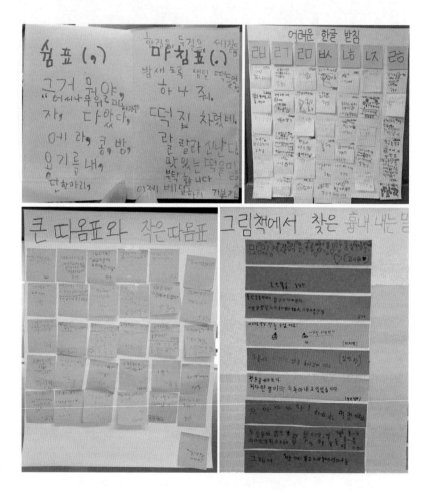

02 많은 학생이 참여하는 발표

많은 학생이 참여하는 수업은 많은 학생이 발표하는 수업입니다. 발표하기 위해서는 생각해야 하고, 생각한다는 것은 곧 수업에 참여하는 것이니까요.

소수의 순발력 있고, 자신감 넘치는 학생만 손들어 발표하는 수업 말고 우리 반 모든 학생이 수업의 주인공이 되어 발표하는 수업을 기대합니다. 손을 들지 않아도 발표할 수 있고 더 많은 학생에게 발표 기회를 주는 다양한 방법을 소개합니다.

1 일어서지 않아도, 말하지 않아도 발표할 수 있어요

'30cm의 공포'라는 말을 들어보셨나요? 『허쌤의 참여수업』 책에서 알게 된 말로, 30cm의 공포란, 엉덩이를 의자에서 떼고 일어나 소리 내어 말하는 발표가 아이들에게 주는 긴장감을 뜻합니다. 말하는 일이 직업인 선생님들도 교직원 회의에서 발표할 때 긴장했던 경험이 있으실 거예요. 일어서지 않아도, 말하지 않아도 발표할 수 있는 다음의 방법을 많이 사용해 보세요.

- ~ 해본 사람 손 들기
- 손으로 O, X를 표현하기
- 선생님이 말하는 것을 손가락으로 짚기
- 공책에 자신의 답변 쓰기
- 보드 판, 포스트잇에 답변 써서 붙이기
- 실물화상기로 제 작품을 보여주며 설명하기

2 하나둘셋 발표

정답이 분명한 퀴즈를 맞힐 때는 모두가 동시에 발표하게 하세요. "선생님이 하나, 둘, 셋! 하면 답을 말합니다."라고 퀴즈 할 때마다 일러주세요. 특히 1학년은 퀴즈 정답을 먼저 맞히고 싶은 욕구가 너무 커서 일부러 규칙을 어기는 학생도 있답니다. "답을 먼저 말하는 것은 친구들이 생각할 기회를 뺏는 일이에요."라고 이야기해 주고 그래도 일부러 자꾸 어기는 학생은 '타임아웃'을 주어 수업 규칙을 지켜야 함을 배우게 합니다.

3 모두 발표

열린 질문이지만 비슷한 답이 예상되거나, 선생님께서 몇 번 안에 수용할 수 있는 단답형의 답변이 예상되는 질문에는 '모두 발표'를 시켜 보세요. '모두 발표'는 손을 들지 않고 떠오르는 대로 말하는 발표입니다. "한복을 언제 입어 보았나요? 모두 발표해 봅시다." 이렇게 선생님이 질문하시면 아이들은 "추석에요", "설날에요", "유치원에서요" 등의 몇 가지 비슷한 답을 합니다. 거수하고 지명, 답변하는 데 걸리는 시간을 줄일 수 있고 학생들도 쉽게 용기 내어 발표할 수 있어 좋습니다.

4 릴레이 발표

학생들의 다양한 답변이 예상되는 질문은 왼쪽 맨 앞에 앉은 학생부터 마지막 학생까지 줄줄이 이어 발표하도록 합니다. "추석 하면 떠오르는 것은 무엇인가요? 떠오른 것 한 가지를 릴레이 발표로 말해봅시다. 앞의 친구가 말한 내용과 같아도 괜찮습니다."라고 안내합니다. 소극적인 학생도 하루에 한 번 이상 발표하게 하고, 선생님은 학생들의 다양한 의견을 들어볼 수 있습니다.

5 무작위 발표(출석 번호, 줄 발표)

저학년은 많은 학생이 발표하고 싶어 해서, 고학년은 발표하려 하지 않아서 발표자 지명이 힘듭니다. 이럴 때는 출석 번호 또는 줄 번호가 적힌 막대를 뽑아 무작위 발표를 시켜보세요. "13번 발표합니다." 또는 "1번 줄이 발표해 보세요."라고 합니다.

저는 아이들이 앉아있는 세로 줄에 번호를 붙이고 발표할 때 자주 활용합니다. 줄 발표는 해당 줄 번호의 학생들이 줄줄이 이어 발표하는 거예요. 줄 발표를 들은 후 추가 의견을 받으면 여러 학생에게 발표 기회를 줄 수 있고, 거수·지명에 드는 시간을 줄일 수 있습니다.

6 모둠 번호 발표

모둠 활동 후에 이끄미 학생에게 발표하게 하시나요? 모둠 활동 시작 전에 "누가 발표할지 나중에 번호를 뽑겠습니다."라고 해보세요. 출석 번호 막대와 구별하기 위해 색이 있는 막대를 사용합니다. 이렇게 모둠 발표에도 무작위로 발표자를 뽑으면 학생들에게 공정한 발표 기회를 줄 수 있고, 모둠 활동의 무임승차를 막을 수 있습니다. 내가 발표할 수도 있으니, 자연스레 모둠 활동에 열심히 참여하게 됩니다.

발표가 조금 부족할 때는 "보충할 의견 있나요?"라고 질문하여 나머지 모둠원의 의견을 들어보면 됩니다.

7 학생 답변에 반응하기

발표 후에 이어지는 선생님의 반응에 아이들은 민감합니다. 좋은 답변이라고 해서 칭찬을 많이 하고, 엉뚱한 답변에 크게 혼낸다면 아이들은 발표에 부담감을 가질 거예요.

그래서 저는 학생 발표에 반응하는 말을 몇 가지 준비해 둡니다.

"좋아요.", "좋은 생각이에요.", "그렇군요.", "잘 답변했어요." 그리고 눈빛과 표정으로 긍정적 표현을 해줍니다. 고개를 끄덕이며, 아이에게 웃어줍니다. 선생님의 인정을 받은 아이의 마음에는 뿌듯함이 차오르겠지요?

아이가 엉뚱한 답변을 했다면 어떻게 반응해야 할까요? 저는 엉뚱한 답변을 한 아이에게 "○○는 그렇게 생각했구나."하고 그대로 수용해줍니다. 물론 의도적으로 수업과 관련 없는 말을 하거나 장난을 친 학생에게는 "수업과 상관없는 말을 하지 않아요." 하고 단호하게 말해주고요.

선생님의 긍정적인 반응이 아이들의 용기를 쑥쑥 키워줍니다.

"좋아요, 좋은 생각이에요."

지금 연습해보아요!

국어과 읽기 수업에서는 꼭 소리 내어 텍스트를 읽게 하세요. 음독은 뇌 신경 세포의 70%를 사용하게 하여 집중력을 높이고 생각하는 힘을 키우기 때문입니다. 1학년은 소리 내어 읽는 순서를 자주 돌아오게 하면 더 높은 집중력을 유지할 수 있습니다. 선생님과 전체 학생이 한 문장씩 번갈아 읽기, 남학생 여학생이 한 문장씩 번갈아 읽기, 한 문장씩 자리 순으로 돌아가며 읽기, 짝과 번갈아 읽기처럼 다양한 방법을 사용하여 놀이하듯 읽게 합니다.

읽기를 마치고 내용 파악 활동은 어떻게 하나요? 교과서에 있는 내용 파악 질문을 그대로 제시하시나요? 자주 손드는 학생들만 질문의 답을 찾아 말하지는 않나요? 선생님이 알려준 답변을 그대로 따라 쓰는 아이들은 텍스트의 의미를 읽어내었다고 할 수 있을까요?

문해력은 음성적 읽기를 넘어선 의미적 읽기를 하는 힘을 말합니다. 질문을 이해하고 답을 찾는 과정에서 문해력이 향상되는데, 손을 든 학생만 답하게 한다면 나머지 학생들의 문해력은 제자리일 수밖에 없어요.

1 질문으로 문해력 키우기

질문하는 시기, 내용, 답하는 방법, 질문하는 주체를 다음과 같이 바꿔보세요. 아이들이 질문의 답을 적극적으로 찾게 됩니다.

1. 질문 시기 바꾸기

텍스트를 다 읽은 후 → 한 페이지씩 읽은 후

2. 질문 내용 바꾸기

교과서 속 내용 파악 질문 그대로 제시하기 → 교과서 한 페이지에서 답을 찾을 수 있는 질문 제시하기

3. 답하는 방법 바꾸기

손들고 답하기 → 교과서에서 답을 찾아 줄 긋거나 동그라미 표시한 후, 동시에 답하기

4. 질문 주체 바꾸기

선생님이 묻고 학생이 답하기 → 학생이 묻고 학생이 답하기

음독하여 교과서 한 페이지를 읽은 후,

선생님: ○쪽에서 소화에 좋은 채소는 무엇인지 찾아 동그라미 하세요.

(답을 찾을 시간을 주고 순회 지도합니다. 학생들은 답을 찾은 후 신난 눈빛으로 선생님을 바라봅니다. 답을 찾지 못한 학생들을 찾아 개별 지도합니다.)

선생님: 답을 찾은 학생은 손드세요. 동시에 답합니다. 하나 둘 셋!

선생님이 어떤 질문을 하실지 모르니 학생들은 집중하며 글을 읽고 글의 흐름을 놓치지 않습니다. 한 페이지 분량으로 범위를 좁혔기에 대부분 학생이 수월하게 답을 찾을 수 있어 학습 동기를 유지할 수 있습니다.

선생님께서 질문을 따로 준비할 필요도 없습니다. 선생님도 어떤 질문을 낼지 생각하면서 함께 글을 읽으시면 됩니다. 활동에 익숙해지면 학생들에게 질문을 만들게 합니다.

04 생각이 자라는 질문 수업

'하브루타'란 짝(하베르)을 지어 질문, 대화, 토론하고 논쟁하며 진리를 찾는 유대인들의 공부법입니다. 질문을 만들면 궁금한 것이 생기고, 질문에 답하려면 나의 생각이 생기게 됩니다. 질문하고 대화하면서 생각하는 힘이 자라납니다. '하브루타 수업' 대신 '질문 수업'이라고 이름 붙여 부담감 없이 참여할 수 있게 했습니다.

1학년 아이들과 함께 한 세 가지 질문 수업 사례를 보여드립니다. 질문 수업은 짝 대화와 함께 이루어지므로 짝 대화를 연습한 후 시작해야 합니다. (6장_5. '짝 대화' 참고)

1 질문 수업 ① 국어 '시' 수업

배움 내용

시를 읽고 시의 내용 이해하기(시 <발가락>(글 이상교) 참고)

배움 순서

1. 시를 읽고 질문 만들기
2. 핵심 질문으로 짝 대화하기

배움 1. 질문 만들기

시를 함께 읽은 후, 궁금한 것을 질문으로 만듭니다. 질문 수업이
훈련된 1학년 말에는 까만 놀이(질문 '~까?'만 만드는 놀이)를 한 후, 만든
질문을 골라 공책에 쓰고 발표해도 좋지만, 1학년은 궁금한 것을 손들
어 발표하는 것으로도 충분합니다.

아이들이 만든 질문을 칠판에 판서합니다. 답이 분명한 질문은 함
께 답을 찾고 남은 질문 중에서 함께 생각하기 좋은 질문을 3개 골라
핵심 질문으로 정합니다.

배움 2. 핵심 질문으로 짝 대화하기

"핵심 질문 1번으로 짝 대화합니다. 네 생각은 어때?"

이렇게 선생님이 시작하는 말을 불러주시면 아이들은 짝 대화를
시작합니다. 짝 대화를 먼저 마친 학생들은 짝과 추가 질문과 답을 합
니다.

"짝과 어떤 이야기를 나누었나요?" 짝 중 한 명이 짝 대화한 내용
을 발표하여 전체 공유합니다. 다음 질문에는 다른 짝이 발표합니다.

· **핵심 질문 1. 발가락은 왜 심심했을까?**

짝 대화 답변: 사람들이 발에게 똑같은 일만 시키니까

· **핵심 질문 2. 발가락은 왜 서로서로 예쁘다 했을까?'**

짝 대화 답변: 진짜 예쁘니까 / 남자, 여자라서 / 서로 놀고 싶어서 / 좋아하니까

· **핵심 질문 3. 왜 발가락들은 꼼질꼼질 했을까?**

수업 성찰

선생님이 시의 내용을 설명해 주면 학생들은 생각을 멈춘다. 생각이 멈추면 수업은 재미가 없다.

질문을 만들게 하니, 아이들은 생각한다. 아이들이 만든 질문 중 답이 '시' 속에 있는 질문은 함께 답을 찾았고, 답이 나와 있지 않은 질문은 "네 생각은 어때?"라는 말로 짝과 서로 묻고 답하게 했다. 짝 대화한 내용을 전체 발표하며 공유했다. 이렇게 질문을 만들고 답하면서 시의 내용은 저절로 이해된다.

'발가락은 맨날 똑같은 일만 하니까 심심해했다. 그래서 발가락들은 서로 꼼질꼼질 거리며 놀았다. 발가락들은 함께 놀며 친해졌고 다른 발가락들에게 서로 예쁘다고 말한다. 서로를 좋아하고 친해지면 진짜 예쁘다고 생각하게 된다.'라는 시의 의미를 우리 반 아이들이 만들어 냈다.

2 질문 수업 ② 슬기로운 생활 '조사하기' 수업

배움 내용

추석을 조사하여 알아보기

배움 순서

1. 추석에 대해 궁금한 것 질문하기
2. 짝 대화하며 생각 나누기
3. 과제로 조사할 질문 고르기

배움 1. 추석에 대해 궁금한 것 질문하기

본 수업은 '조사하기'를 중심 기능으로 하여 지식정보처리 역량을 키우는 수업입니다. 먼저 추석에 대해 궁금한 것을 자유롭게 질문하도록 했습니다. 선생님은 아이들이 만든 질문을 판서합니다. 우리 반 아이들은 9개의 질문을 만들었습니다.

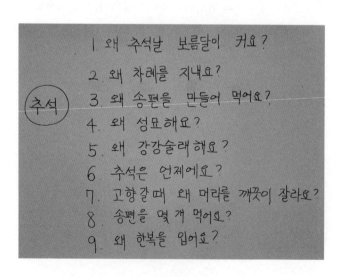

배움 2. 짝 대화하며 생각 나누기

아이들이 만든 질문 중 6번은 답이 분명한 질문으로 아이들이 답을 찾았고 선생님은 추가 설명해 주었습니다. 2, 4, 7, 8번 질문은 짝 대화를 나누었습니다. 짝과 이야기 나눈 답은 전체 공유하고 선생님이 정리하면서 피드백해 줍니다.

배움 3. 조사할 질문 고르기

남은 질문 1, 3, 5, 9번 중 가장 궁금한 질문을 학습지에 적어 집에서 직접 '조사하기' 하여 답을 찾아오기로 했습니다. 조사하는 방법은 도서관에서 책을 찾아보기, 어른들께 여쭈어보기, 인터넷에서 찾기가 있습니다.

수업 성찰

궁금한 것이 없다가도 질문을 만들면 궁금한 것이 생긴다. 아이들에게 질문을 만들게 한 이유다. 아이들이 만든 질문을 칠판에 판서했다. '추석에 송편을 몇 개 먹어야 하나요?'라는 질문을 왜 만들었냐고 물어보니 설날에는 떡국 한 그릇 먹으면 한 살 먹는 것처럼 송편도 몇 개 먹어야 한다고 정해져 있는지 궁금했다고 한다.

아이들이 만든 질문 중 '왜 차례와 성묘를 지내는지, 추석에는 왜 머리를 깨끗하게 자르는지, 송편은 몇 개 먹는지' 질문에 대해 짝 대화로 이야기 나누게 했다. 선생님이 설명해 줄 필요 없을 정도의 답을 아이들이 찾아냈다.

그리고 남은 질문 중 가장 궁금한 질문을 골라 학습지에 적게 했다. 어른들이 가르쳐 주고 싶은 것이 아닌 아이들이 정말로 궁금해하는 것을 찾아 공부하는 수업, 학생 주도적인 수업이 되었다.

배움 내용

'사자의 지혜'를 읽고 내 생각을 문장으로 쓰기

배움 순서

배움 1. 글 읽기

배움 2. 인터뷰 놀이(핫시팅)

배움 3. 인물에게 편지 쓰기

배움 2. 인터뷰 놀이

선생님: 지금부터 원숭이와 기린, 사자를 만나 궁금한 것을 물어보겠습니다.

질문: 왜 사자는 친구들에게 으르렁거리지 않고 잘 지내나요?

으르렁거리면 친구가 없어지니까요.

질문: 사자는 지혜를 어떻게 배웠나요?

학교에 다녔어요. / 엄마에게 배웠어요.

질문: 기린은 왜 굳이 원숭이가 있는 나무에서 나뭇잎을 먹었나요?

원숭이가 있는 곳의 나뭇잎에서는 무지개 샤베트 맛이 나니까요.

질문: 기린은 코끼리, 악어가 말렸을 때는 계속 화내다가 왜 사자의 말에 마음이 풀렸나요?

코끼리와 악어는 "그만해"라고 말했지만 사자는 내 마음을 이해해 줬어요. / 친절하게 말해줬어요.

질문: 원숭이는 얼마나 화가 났나요?

우주만큼요.

질문: 사자는 무서운데 어떻게 동물들과 친해졌나요?

지혜로워서요. / 가진 것 중에 좋은 것을 친구에게 주어서요. / 친절해서요.

수업 성찰

인터뷰 놀이(핫시팅)는 아이들이 이야기 속 인물과 이야기 밖의 기자가 되어 자연스럽게 질문을 만들고 답하는 활동이다. 인물의 마음과 상황을 이해하게 될 뿐만 아니라, 오가는 이야기가 워낙 재미있어 아이들은 수업 내내 깔깔대며 즐겁게 참여했다. 왜 오늘 국어가 2시간이냐고 불평했던 아이들은 쉬는 시간에도 인터뷰 놀이를 하자고 했다. 다음 배움 활동에서 사자, 기린, 원숭이에게 쓴 편지에는 세 인물의 마음을 이해한 아이들의 마음이 잘 녹아났다.

인터뷰 희망자를 정할 때 인물당 학생 한 명이 아닌 여러 명을 지정했다. 여러 명의 사자가 답변하면 장난스러운 답변, 주제에 벗어난 답변이 한둘 있더라도 좋은 답변을 하는 학생도 꼭 있어서 인터뷰 내용이 주제에 벗어나지 않는다는 것을 동료 선생님 공개수업에서 배웠다. 그래서 인터뷰 희망자를 받을 때 장난기 많은 아이와 진지하게 이야기하는 아이들이 고루 섞이도록 구성했다.

물론, "원숭이는 몇 살인가요? 왜 기린에게 화를 냈나요? 제가 밥을 먹는데 기린이 똥을 쌌거든요. 왜 똥을 쌌나요? 몰라요." 등의 1학년다운 질문과 답변도 오갔지만, 선생님은 좋은 질문과 답변을 찾으며 항해하는 배의 선장이 되어 키를 잡아주어야 한다. "이야기와 관련된 질문을 해보세요.", "좋은 질문입니다.", "역시 사자는 지혜롭군요." 이와 같은 반응과 피드백이 질문 수업의 방향을 잡는 키가 된다.

05 선생님이 꼭 알아야 할 한글 지도법

1학년 담임을 배정받은 후 부랴부랴 한글 지도 연수를 신청했습니다. 연수 내용을 한글 교재와 비교하고, 시행착오를 겪으며 한글 지도를 했습니다. 2년간 한글을 가르치고 나서야 지도 방법에 확신이 생겼습니다. 한글을 지도하기 전에 알았더라면 훨씬 수월하지 않았을까? 생각하며 한글 지도의 핵심 내용을 알려드립니다.

1 한글 학습 교재

1) 찬찬한글

훈민정음 제자 원리와 발음 중심 한글 해득 프로그램을 기반으로 한 한글 학습 교재로 한국교육과정평가원에서 개발하였습니다. 국가기초학력지원센터에서 교재를 다운로드할 수 있으며 각 지역 교육청에서 배부하기도 합니다. 교재와 함께 활용할 수 있는 34개의 유튜브 영상이 있어 수업

에 큰 도움이 됩니다. 유튜브 영상에는 캐릭터 '찬찬이'가 등장하고 영상 속 선생님께서 중요한 내용을 설명해 줍니다. 차시마다 약 10분의 유튜브 영상을 보여주고 수업을 진행하기만 해도 될 정도로 훌륭합니다. 또는 부분적으로 활용하시거나 선생님께서 미리 영상을 보며 공부하고 수업하시면 좋습니다.

'찬찬한글' 교재는 모음 → 자음 → 복잡한 모음 → 대표 받침 → 복잡한 받침의 순서로 학습이 진행됩니다. 특히 자음과 모음의 의미, 천지인의 원리, 자음이 소리 나는 곳 등을 자세히 다루어서 한글을 유창하게 읽는 학생들도 몰랐던 한글 창제 원리를 익힐 수 있습니다. 자모음을 익히고 쓰는 것에서 나아가 소리 찾기, 동작으로 따라 하기, 받침 넣어 읽기 등 다양한 활동을 제공하여 한 차시 수업이 알차게 진행됩니다.

2) 아이좋아 한글 쓰기

쓰기 보조 교재이며 찬찬한글, 국어 교과서와 연계하여 활용할 수 있습니다. 경상남도교육청 홈페이지의 초등교육과 – 자료실에 탑재되어 있습니다.

'찬찬한글'에서 모음 'ㅏ, ㅓ'를 학습한 후 '아이좋아 한글 쓰기'의 네 쪽 분량의 쓰기 활동(획순에 맞게 쓰기, 자모음을 결합하여 글자 만들기, 낱말 완성하여 글자 쓰기)을 하면 좋습니다.

3) 한글이 더 쉬워지는 찬찬한글 익힘책

'아이좋아 한글 쓰기'와 같은 쓰기 보조 교재이며 대전광역시교육청 홈페이지의 정보마당－통합자료실에서 다운로드할 수 있습니다.

＜이해하기－쓰면서 읽기－읽기－글자 만들기

－듣고 찾기－모으기, 가르기－읽기 연습－의미

단어 읽기－무의미 단어 읽기－따라 쓰기－듣고

쓰기＞의 활동을 제공하며 '아이좋아 한글 쓰기'

보다 분량이 많습니다.

특히, 무의미 단어 읽기는 학생이 글자의 소

릿값을 제대로 알고 있는지, 아니면 읽기 경험을

바탕으로 추측하여 읽는지 판별할 수 있습니다.

2 선생님이 꼭 알아야 할 한글 지도의 기본[2]

1) 자음, 모음이란?

자음은 자식(子)의 소리, 모음은 엄마(母)의 소리이며 모음이 먼저

만들어졌습니다. 모음은 혼자서도 글자를 만들 수 있지만, 자음은 혼자

서 글자를 만들 수 없습니다. 그래서 모음을 먼저 학습합니다.

2) 한글은 소리글자

한글은 소리를 기호로 나타낸 소리글자입니다. 영어 파닉스처럼 자

모음의 소릿값을 익히면 글자를 읽을 수 있습니다. 특히 한글 자모음은

소리 나는 곳이나 입 모양을 따서 만들었기 때문에 자모음을 소리 나는

곳, 입 모양과 연결하여 가르칩니다.

---

2) 출처: '찬찬한글' 교사용 지도서

3) 기본 모음 익히기(ㅏ, ㅓ, ㅗ, ㅜ, ㅡ, ㅣ)

모음은 하늘, 땅, 사람을 뜻하는 천(·), 지(ㅡ), 인(ㅣ)의 세 기호를 조합하여 만들어졌습니다.

'ㅏ'(ㅣ+·)는 해가 바깥쪽에 있는 모양입니다. /아ㅡ/라고 길게 소리 내보면 밝은 느낌, 밖으로 나가는 느낌이 납니다.

'ㅓ'(·+ㅣ)는 해가 안쪽으로 들어가 있는 모양입니다. /어ㅡ/라고 길게 소리 내보면 어두운 느낌, 안으로 들어가는 느낌이 납니다.

'ㅗ'는 해가 땅 위에 떠서 밝은 느낌, 'ㅜ'는 해가 아래에 있어 어두운 느낌이 납니다. 'ㅡ'는 땅, 'ㅣ'는 사람의 모습을 닮았습니다. 'ㅡ'라고 소리 내면 입 모양도 'ㅡ'와 같이 평평한 모양이 되고 'ㅣ'라고 말하면 입꼬리가 살짝 위로 올라갑니다.

4) 미끄러지는 모음 익히기(ㅑ, ㅕ, ㅛ, ㅠ)

미끄러지는 모음 'ㅑ, ㅕ, ㅛ, ㅠ'는 두 개의 모음이 합쳐진 모음입니다. 'ㅣ+ㅏ→ㅑ', 'ㅣ+ㅓ→ㅕ', 'ㅣ+ㅗ→ㅛ', 'ㅣ+ㅜ→ㅠ'

'ㅣ+ㅏ'를 /이ㅡ아ㅡ/→/이아/→/야/와 같이 처음에는 천천히, 그리고 점점 빠르게 소리를 연결하여 /야/ 소리를 내는 연습을 합니다.

5) 자음 익히기

(1) ㄱ가족: ㄱ, ㅋ, ㄲ /그/ /크/ /끄/

'ㄱ'은 입속의 혀가 목구멍을 막는 모양입니다.

'ㅋ'은 'ㄱ'보다 바람이 세게 나오기 때문에 막대기가 하나 더 있는 'ㅋ'이 됩니다. 손바닥을 입에 대고 바람이 강하게 나오는지 느껴봅니다.

'ㄲ'은 'ㄱ'보다 두 배로 강하게 내는 소리입니다. 'ㄱ'이 두 개 있어서 이름이 '쌍기역'입니다.

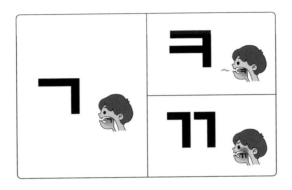

(2) ㄴ가족: ㄴ, ㄷ, ㅌ, ㄸ /느/ /드/ /트/ /뜨/

'ㄴ'은 혀가 앞니를 톡톡 치는 위치에서 소리 납니다.

'ㄷ'은 'ㄴ'보다 바람이 조금 더 나오기 때문에 획을 추가한 'ㄷ'이 됩니다.

'ㅌ'은 'ㄷ'에 획 추가, 'ㄸ'은 'ㄷ'보다 두 배 강하게 소리 내는 '쌍디귿'입니다.

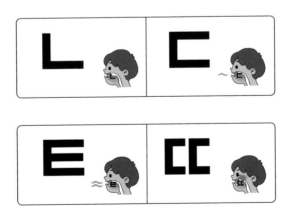

(3) ㅁ가족: ㅁ, ㅂ, ㅍ, ㅃ /므/ /브/ /프/ /쁘/

'ㅁ'은 입이 붙었다 떼어지는 모양을 보고 만들었습니다.

'ㅂ'은 'ㅁ'보다 바람이 조금 더 나오기 때문에 획을 추가한 'ㅂ'이 됩니다.

'ㅍ'은 'ㅂ'보다 바람이 더 나오기 때문에 더 길게 획을 추가하였고, 'ㅃ'은 'ㅂ'보다 두 배 강하게 소리 내는 '쌍비읍'입니다.

(4) ㅅ가족: ㅅ, ㅈ, ㅊ, ㅉ, ㅆ /스/ /즈/ /츠/ /쯔/ /쓰/

'ㅅ'은 사람의 이의 모양을 보고 만들었습니다.

'ㅈ'은 'ㅅ'보다 바람이 조금 더 나오기 때문에 획을 추가한 'ㅈ'이 됩니다.

'ㅊ'은 'ㅈ'에 획 추가, 'ㅉ'은 'ㅈ'보다 두 배 강하게 소리 내는 '쌍지읒'입니다.

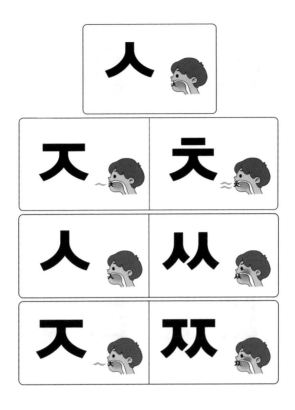

(5) ㅇ가족: ㅇ, ㅎ /-/ /흐/

ㅇ은 목구멍의 모양을 보고 만들었습니다. 'ㅇ'은 초성(첫소리)일 때는 소리가 없고 종성(끝소리)일 때는 /응/ 소리가 납니다.

'ㅎ'은 'ㅇ'보다 바람이 조금 더 나오기 때문에 획을 추가한 'ㅎ'이 됩니다.

(6) ㄹ: /르/

'ㄹ'은 'ㄷ'에서 혀가 약간 더 뒤로 구부려져 소리 나기 때문에 'ㄹ'
이 되었습니다.

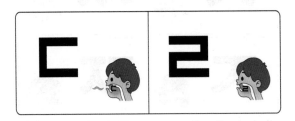

6) 복잡한 모음 익히기

(1) ㅐ, ㅔ

오래전에는 이중모음이었지만 오늘날에는 단모음으로 분류합니다.
(소리는 합치지 않고 모양만 합친 모음입니다.) 'ㅐ'가 'ㅔ'보다 입이 더 크게
벌어지지만, 소리를 크게 구분하지 않고 비슷한 /ㅐ/, /ㅔ/ 소리로 지도
합니다.

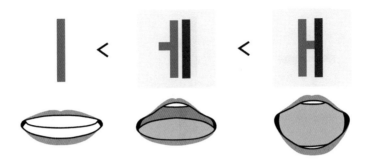

(2) ㅔ, ㅐ

이중모음입니다. 'ㅣ → ㅔ'를 반복해서 연결하여 소리를 내면 'ㅖ', 'ㅣ → ㅐ'를 반복해서 합치면 'ㅒ' 모음이 됩니다. 마찬가지로 'ㅒ'가 'ㅖ' 보다 입이 더 크게 벌어지지만 비슷한 /ㅖ/, /ㅒ/ 소리로 지도합니다.

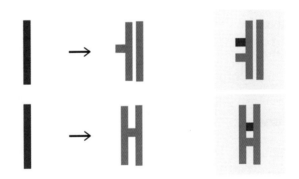

(3) ㅘ, ㅝ

이중모음입니다. 'ㅗ → ㅏ'를 반복해서 합치면 'ㅘ', 'ㅜ → ㅓ'를 반복해서 합치면 'ㅝ' 모음이 됩니다.

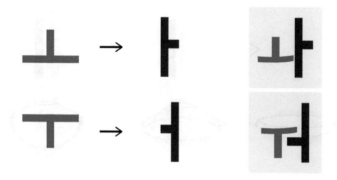

(4) ㅟ, ㅢ

이중모음입니다. 'ㅜ→ㅣ'를 반복해서 합치면 'ㅟ', 'ㅡ→ㅣ'를 반복해서 합치면 'ㅢ' 모음이 됩니다.

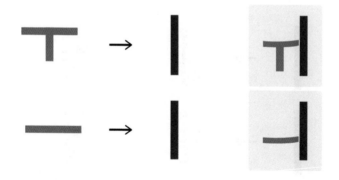

(5) ㅞ, ㅙ, ㅚ

이중모음입니다. 각각의 표기 방법은 다르지만 모두 소리는 /ㅜ/에서 시작해서 /ㅔ/로 끝나는 /ㅞ/ 소리입니다. 'ㅜ→ㅔ'를 반복해서 합치면 'ㅞ', 'ㅗ→ㅐ'를 반복해서 합치면 'ㅙ' 모음이 됩니다. 'ㅚ'는 'ㅗ

→ ㅣ'로 합쳐도 표기와 소리가 일치하지 않아서 외워야 합니다. 같은 소리 /ㅖ/, /ㅒ/, /ㅚ/로 지도합니다.

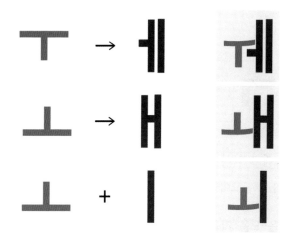

7) 받침소리 익히기

ㄱ(기역)은 받침에서 /윽/ 소리가 나요.

ㄴ(니은)은 받침에서 /은/ 소리가 나요.

ㄷ(디귿)은 받침에서 /읃/ 소리가 나요.

ㄹ(리을)은 받침에서 /을/ 소리가 나요.

ㅁ(미음)은 받침에서 /음/ 소리가 나요.

ㅂ(비읍)은 받침에서 /읍/ 소리가 나요.

ㅇ(이응)은 받침에서 /응/ 소리가 나요.

ㅍ(피읖)은 받침에서 /읍/ 소리가 나요.

ㅋ(키읔), ㄲ(쌍기역)은 받침에서 모두 /윽/ 소리가 나요.

ㅅ(시옷), ㅆ(쌍시옷), ㅈ(지읒), ㅊ(치읓), ㅌ(티읕), ㅎ(히읗)은 받침에서 모두 /읃/ 소리가 나요. 그래서 'ㄷ'은 대장 받침이라고 불러요.

8) 소리 합치기(글자 만들기)

(1) 자음+모음

/그/를 짧고 약하게, /아/를 길게 소리 냅니다.
/그-아-/ /그아-/ /가/

(2) 자음+모음+자음

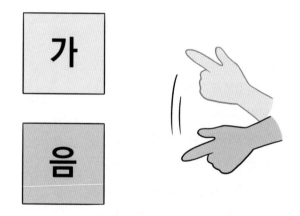

처음에는 천천히 늘여서 발음하고, 점차 짧게 하여 나중에는 한 번에 '감'으로 합성되도록 지도합니다.
/가-음-/ /가음/ /감/

3　한글 수업, 이렇게 했어요

1) <말놀이 동요> 듣기

도입 단계에서 최승호의 말놀이 동요로 자모음을 소개합니다. 이 말놀이 동요는 자모음을 익히기에 좋고 부르기도 재미있는 동요라서 '오늘은 어떤 노래를 배울까?' 아이들이 기대합니다. 가사를 출력해서 공책 왼쪽에 붙여주었습니다.

2) 자모음 알기

오늘 배울 자음은 쌍기역입니다. /ㄲ/ 소리는 목구멍에서 소리를 내며 'ㄱ'보다 두 배 강하게 소리 냅니다. 자음의 이름과 소리를 익힌 후 노랫말에서 쌍기역을 찾아봅니다.

3) 글자 만들기(소리 합치기)

쌍기역을 여러 모음과 합체하여 글자를 만들고 소리를 내어 봅니다. 'ㄲ'이 'ㅏ'와 만나면 /끄-아-/, /끄아/, /까/ 소리를 만듭니다. 자음은 짧게, 모음을 길게 하여 빠르게 연결해 소리 냅니다. 어떤 모음을 만나느냐에 따라 자음의 모양이 바뀌는 것도 확인

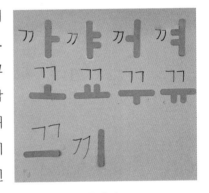

합니다. '아이좋아 한글 쓰기' 교재에 글자를 만들어 씁니다.

4) 자 · 모음이 들어가는 낱말 찾기

쌍기역이 들어가는 낱말을 찾습니다. 많은 아이들이 손을 번쩍 들며 열광하는 활동이에요. '까마귀, 토끼, 까치' 이렇게 발표하면 선생님이 칠판에 그 낱말을 적어줍니다. 아이들은 원하는 낱말을 골라 공책에 적습니다.

수업 방법을 루틴으로 만들어 한글 학습을 진행하면 수업 준비도 수월하고 아이들도 수업 방식에 익숙해집니다.

한글 지도 연수 및 참고 도서

· 찬찬한글 교사용 지도서 - 한글 수업 지도

· 모두 깨치는 한글(티처빌 연수, 양지숙·김명규) - 한글 미해득 학생 지도

· 1학년 첫 배움책(박지희)

· 다시 1학년 담임이 된다면(박진환)

06 한글 보충 지도(1)

1 한글 미해득 학생 발견하기

아이들의 한글 읽기 수준은 천차만별입니다. 그중 유난히 말을 잘하고 눈치껏 잘 따라 해서 한글 미해득 수준이 잘 드러나지 않는 아이들이 있습니다. 1학년을 맡은 첫해에는 1학기 말에 실시하는 한글 해득 검사를 하면서야 미해득 학생을 발견하여 당황했던 적이 있습니다.

보충 지도가 필요한 학생들을 발견하기 위한 좋은 방법은 수업 시간에 한 명씩 돌아가며 교과서 글을 한 문장씩 읽게 하는 것입니다. 국어 교과서 본문뿐 아니라 수학 익힘책 문제나 알림장 글귀를 돌아가며 읽게 합니다.

'이 아이는 받침을 못 읽는구나. 이 아이는 못 읽는 단어를 자기가 아는 단어로 치환해서 읽는구나. 이 아이는 아직 유창하게 읽지 못하는구나.' 한글 미해득 학생을 발견할 수 있을 뿐만 아니라 아이들의 읽기 수준을 속속들이 파악할 수 있습니다.

"한글을 못 읽는 학생이 부끄러워하지 않나요?"라고 반문하신다면 '한글을 잘 못 읽는 아이라도 계속 읽기 환경에 노출되어야 한다.'라는 답변을 드리고 싶습니다. 도리어 한글을 읽어야겠다는 자극을 받아 한글 공부를 더 열심히 하게 됩니다.

아이들에게 미리 이렇게 말해둡니다. "1학년은 한글을 처음 배우는 시기니까 아직 한글을 못 읽는 게 당연해." 그리고 덧붙입니다. "시간이 지나면 누구보다 잘 읽게 될 거야. 선생님도 한글을 못 떼고 초등학교 입학했는데 이렇게 잘 읽게 되었거든."

다만, 난독이나 경계성 지능인 아이들은 친구들이 함께 읽어주도록 했습니다.

2 │ 1:1, 또는 1:2로 가르치기

인원은 적을수록 좋았습니다. 여러 명의 학생을 가르쳐야 효율적이라며 다수 학생을 지도하기 원하시는 관리자도 계시지만 제가 경험한 바로는 3명 이상이 되면 효과가 매우 줄어들었습니다. 특히 난독 학생은 1:1 지도가 필수적입니다. 그리고 아이들을 개별 지도할 충분한 시간이 필요했습니다. 기초학력 지원, 두드림 등의 이름으로 학교에서 계획하는 보충 지도 시간을 꼭 확보해 주세요.

3 │ 교과서 읽기

한글 보충 지도 시간에 국어 교과서를 꼭 읽게 합니다. 국어 교과서는 정선된 읽기 자료일 뿐 아니라, 교과서를 읽고 수업에 참여하면 학습 내용 이해에 큰 도움이 되기 때문입니다.

특히, 국어 본문을 돌아가며 읽는 수업이나 역할극 수업이 예정되어 있다면, 꼭 국어 교과서를 읽는 시간을 가져보세요. 아이는 자신 있게 수업에 참여하고, 선생님도 개별 지도에 드는 시간을 줄일 수 있답니다.

④ 한글 보충 지도 추천 교재

1) 1학기 – 30일 만에 완성하는 한글 떼기(하유정)

영어 파닉스를 익히는 것처럼 자모음의 소리를 익힌 후 자음과 모음을 합쳐 글자를 해독(解讀)하게 하는 한글 교재입니다. 소리 나는 위치, 소리 내는 방법과 유의점 등이 잘 제시되어 있고 동영상 강의도 있어 한글 지도가 처음이거나 교재 순서에 따라 지도하시고 싶은 선생님께 적합한 교재입니다. 학습량이 부담되지 않고 글자 익히기, 읽기, 쓰기 활동이 놀이처럼 구성되어 있어 아이들도 재미있게 공부했습니다.

2) 1학기 – 모두 깨치는 한글(양지숙)

앞에서 설명한 대로 한글은 소리글자이기 때문에 소리와 기호를 연결하면 자모음을 익힐 수 있습니다. 그런데 1학년을 맡은 첫해, 난독증에 가까운 학생이 있었는데 그 아이는 소리와 기호를 연결하지 못했습니다. 예를 들어 한 시간 내내 /아/라는 소리와 'ㅏ' 기호를 반복해서 공부했는데 다음 날 'ㅏ'를 /어/라고 읽었습니다. 밑 빠진 독에 물 붓기처럼 오늘 공부한 내용이 다 새어 나가버렸습니다. 이 학생에게는 다른 방식의 한글 지도가 필요했습니다. 1학년을 맡은 둘째 해에는 온라인 '티처빌 연수원'에서 양지숙 장학사님의 '모두 깨치는 한글' 연수를 듣고

한글 보충 지도를 했습니다. 이 방법으로 한글을 처음 배운 학생들이 한 학기 만에 한글 해득(완성) 평가를 받았습니다. 자음을 구별하지 못하는 아이들에게 자음의 모양을 헷갈리지 않도록, 자모음 기호와 소리를 연결할 수 있게 만든 독자적인 자료와 지도 방법 덕분이었습니다. 이 책의 저자인 양지숙 장학사님은 난독증, 읽기 부진, 읽기 장애, 쓰기 장애 등 한글 습득에 어려움을 보이는 어떤 경우라도 모두 한글을 읽을 수 있도록 지도하셨다고 합니다. '티처빌 연수원'에서 원격 직무연수를 받고 '어린이용' 교재를 사용하여 지도하면 됩니다.

3) 2학기 읽기 유창성 교재 - 따스함(배움찬찬이연구회)

글자의 소리와 기호를 연결할 수 있게 되면 글을 유창하게 읽을 거라 기대하지만 사실은 그렇지 않습니다. 이 교재는 한글 해득 수준에 도달했지만, 문장을 더듬더듬 읽는 학생들에게 적합한 보충교재입니다. 실제 학교 현장에서 이 읽기 교육 프로그램을 적용하여 읽기 능력 향상을 검증했다고 합니다.

설명글, 이야기 글, 동시 등 다양한 읽기 자료는 흥미를 유지하게 해주었습니다. 선생님 따라 읽기, 스스로 읽기, 선생님·친구와 번갈아 읽기 하니 유창성이 향상되었습니다. 낱말 쓰기 활동과 '확인하기' 문제의 양이 적었지만, 오히려 읽기에 집중할 수 있어 좋았습니다.

07

한글 보충 지도(2)

한글 미해득 학생은 그동안 배운 것을 기억하고 있는지, 틈틈이 확인하고 복습해야 합니다. 그래서 자모음 자석으로 '한글 놀이'를 만들었습니다. 한글 보충교재 공부와 병행하였고 아이들은 놀이하듯 공부할 수 있어 좋아했습니다.

1 첫소리를 찾아라!

선생님이 들려주는 소리에서 첫소리(자음)를 찾는 놀이로, 아이가 자모음 기호와 소리를 연결하는지 확인할 수 있습니다.

1. 아이가 자음을 순서대로 늘어놓기
2. 선생님이 '마' '사' '하' 등의 글자 불러주기
3. 선생님이 불러준 글자의 첫소리(자음) 자석 찾기
4. 모음을 바꾸어 가며 구, 두, 후…. 피, 키, 치…. 코, 느, 저…. 다양한 글자 불러주기

5. 한 글자의 첫소리를 잘 찾으면 낱말을 불러주고 2~3개의 첫소리 찾게 하기 '피아노' → ㅍ ㅇ ㄴ

<주의>
모음이 바뀌더라도 자음(첫소리)에만 집중합니다. 다양한 소리 속에서 자음(첫소리)을 찾음으로써 소리를 듣고 자음을 떠올릴 수 있게 됩니다. 같은 방법으로 '모음을 찾아라', '받침소리를 찾아라' 놀이를 합니다.

2 자음과 모음을 찾아라!

소리를 듣고 어떤 자음과 모음이 합쳐져 소리를 내는지 알아내는 놀이입니다. 한글 미해득 학생뿐 아니라 읽기를 잘하면서도 글자를 어떻게 쓰는지 매번 물어보는 학생들에게도 도움이 됩니다. 이 지도 방법은 박진환 선생님이 쓰신 『다시 1학년 담임이 된다면』 책에서 배웠습니다.

선생님: 글자에 어떤 자음과 모음이 있는지 알아내려면 소리를 잘
　　　　들어보면 돼. '수'를 길게 소리 내보자.

학생: /수-우-/

선생님: 마지막에 어떤 소리가 나니?

학생: 우

선생님: 맞아, 그래서 이 글자의 모음은 'ㅜ'야. 모음 'ㅜ'를 가져와 봐.

선생님: 첫소리는 어떤 자음일까? '수'를 다시 소리 내보자.

아이: /수/, /스/, 시옷이에요.

선생님: 맞아. /스/라는 소리는 '시옷'이 내는 거야.

　　이와 같은 방법으로 글자를 반복하여 불러주고 자음과 모음을 찾
게 합니다. 핵심은 소리를 유심히 듣고 어떤 자모음이 들리는지 찾는
것입니다. 자음은 첫소리라 찾기 쉽지만, 모음은 뒷소리라 찾기 어렵습
니다. 그래서 길게 소리를 내도록 하고 모음을 찾게 합니다.

우리 반 아이는 이 놀이를 하며 자음과 모음이 만나서 한 글자의 소리를 만들어 낸다는 것을 알게 되었습니다. "선생님 알겠어요! 'ㅂ'과 'ㅣ'가 만나서 '비'가 돼요!" 아이가 이 원리를 깨달은 날, 이 교실, 저 교실 다니며 자랑했던 날의 기쁨이 잊히지 않습니다.

③ 받침 글자 만들기

1. 각 받침이 내는 소리를 복습합니다.

받침 ㄱ(기역)은 /윽/ 소리

받침 ㄴ(니은)은 /은/ 소리

받침 ㄷ(디귿)은 /읃/ 소리

받침 ㄹ(리을)은 /을/ 소리

받침 ㅁ(미음)은 /음/ 소리

받침 ㅇ(이응)은 /응/ 소리

(받침 '기역'과 /윽/ 소리 연결을 어려워합니다. 기역 모양의 총과 총에 맞을 때 내는 /윽/ 소리를 기억하게 합니다.)

2. 받침 없는 여러 글자를 칠판에 써둡니다.

3. '기역' 자석을 아이에게 줍니다.

4. 아이는 각 글자에 '기역' 받침 자석을 붙이며 글자를 읽습니다.

　'아'에 받침 ㄱ을 붙이며 /악/

　'구'에 받침 ㄱ을 붙이며 /국/

5. 모든 글자를 소리 내어 읽습니다. /악 국 숙 작 족 탁 학/

6. 다른 받침 자석으로도 놀이합니다. 'ㅇ' 받침을 붙이며 /앙 궁 숭 장 종 탕 항/

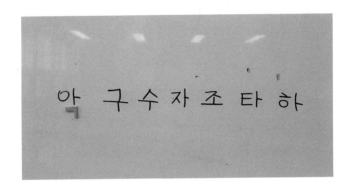

4 낱말 알아맞히기

1. 받침 자석을 아래에 나란히 두기
2. 선생님이 받침 없는 한 글자를 칠판에 쓰기(수)
3. 아이가 받침 자석 하나를 붙여 글자 완성하고 읽기(숟)
4. 만든 글자가 들어있는 낱말을 떠올려 몸으로 표현하기(숟가락으로 밥 먹는 시늉하기)
5. 선생님이나 나머지 친구들이 낱말 알아맞히기(숟가락!)

'숟' 글자를 완성하고 읽은 후, 아이는 '숟' 글자가 들어가는 낱말을 몸으로 표현합니다. 선생님은 그 낱말을 맞히고 완성된 낱말도 적어줍니다. 글자 '숭'의 경우는 '원숭이'처럼 글자가 가운데 들어있는 낱말도 허용해 줍니다.

08

1학년 '수와 연산' 수업

1학년 수학 '수와 연산' 영역의 학습 내용은 쉽지만 가르치기는 어렵습니다.

수업 팁과 더불어 2022 교육과정 성취 기준 및 지도 시 고려 사항을 발췌하여 정리했습니다.

1 2022 개정 교육과정 '수와 연산' 영역 성취 기준3)

> ① 네 자리 이하의 수
>
> [2수01-01] 수의 필요성을 인식하면서 0과 100까지의 수 개념을 이해하고, 수를 세고 읽고 쓸 수 있다.
>
> [2수01-02] 일, 십, 백, 천의 자릿값과 위치적 기수법을 이해하고, 네 자리 이하의 수를 읽고 쓸 수 있다.
>
> [2수01-03] 네 자리 이하의 수의 범위에서 수의 계열을 이해하고, 수의 크기를 비교할 수 있다.

---

3) 출처: 2022 개정 교육과정 1~2학년군 수학 교사용 지도서

[2수01-04] 하나의 수를 두 수로 분해하고 두 수를 하나의 수로 합성하는 활동을 통하여 수 감각을 기른다.

② **두 자리 수 범위의 덧셈과 뺄셈**

[2수01-05] 덧셈과 뺄셈이 이루어지는 실생활 상황과 연결하여 덧셈과 뺄셈의 의미를 이해한다.

[2수01-06] 두 자리 수의 범위에서 덧셈과 뺄셈의 계산 원리를 이해하고 그 계산을 할 수 있다.

[2수01-07] 덧셈과 뺄셈의 관계를 이해한다.

[2수01-08] 두 자리 수의 범위에서 세 수의 덧셈과 뺄셈을 할 수 있다.

2 1학년에서 다루는 수

1학기: 9까지의 수, 50까지의 수

2학기: 100까지의 수

<참고>

누리과정에서 스무 개가량의 구체물을 세어보고 알아보는 활동, '더 많다, 더 적다'의 관계를 알아보며 수량을 비교하는 학습을 합니다. 1학년 1학기에는 수를 세는 것뿐만 아니라 수를 읽고 쓰는 정확한 방법에 대해서 중점적으로 지도합니다. 수의 크기 비교에서는 구체물이나 일대일 대응의 방법을 이용하지 않고 비교할 수 있게 지도합니다.

3

1학년 연산

· 1학기: 가르기, 모으기, 받아 올림이 없는 몇+몇 / 몇-몇
· 2학기: 받아 올림이 없는 몇십 몇+몇, 몇십+몇십, 몇십 몇+몇십 몇

    받아 내림이 없는 몇십 몇-몇, 몇십-몇십, 몇십 몇-몇십 몇

    받아 올림이 있는 몇+몇=십몇 / 받아 내림이 있는 십몇-몇=몇

4 성취 기준 적용 시 고려 사항

'수와 연산' 영역에서는 용어와 기호로 '덧셈, 뺄셈, 짝수, 홀수, $+$, $-$, $=$, $>$, $<$'를 다룬다

등호, 부등호 용어의 이름을 배우지는 않지만 '같습니다. ~보다 큽니다. ~보다 작습니다'와 같이 식에 포함된 기호를 읽으며 자연스럽게 뜻을 이해합니다.

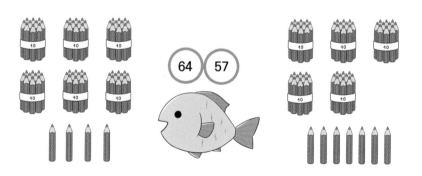

1학년 2학기에 부등호를 사용하여 수의 대소를 나타냅니다. 부등호는 벌어진 쪽에 큰 수가, 반대쪽에 작은 수가 오게 나타내는데 앞의 그림처럼 물고기의 입 모양을 이용하여 부등호의 방향을 기억하게 하는 것도 효과적입니다.

자연수가 개수, 순서, 이름 등을 나타내는 경우가 있음을 알고, 실생활에서 수가 사용되는 사례를 통하여 네 자리 이하의 수의 필요성을 인식하게 한다

우리말 수사는 하나, 둘, 셋 넷, … 열, 스물, 서른, …입니다. 순서 수를 나타낼 때는 끝에 '째'를 붙여 말하며 맨 처음을 말할 때는 '첫째'라고 말합니다. 바른 우리말 사용을 위해서 백 미만의 개수를 말할 때는 34개를 '삼십사 개'라고 읽지 않고 '서른네 개'라고 읽는 것을 지도합니다.

한자 수사는 일, 이, 삼, 사…입니다. 연속량이나 이름을 나타내는 수는 한자 수사를 사용합니다. 67km는 '육십칠 킬로미터'라고 읽으며 아파트 17호는 '십칠 호'로 읽어야 합니다.

실생활에서 우리말 수사와 한자 수사를 언제 사용하는지에 대하여 명확하지 않은 경우가 많습니다. 예를 들어 3개를 '세 개'라고 하고 '삼 개'라고 말하는 경우는 없지만, 60개는 '예순 개'와 '육십 개'를 모두 사용하는 경우가 많습니다. 따라서 학생들에게 두 가지 수사를 사용하여 수를 세는 연습을 하게 하고 상황에 맞게 수를 읽게 합니다.

두 자리 수를 10개씩 묶음과 낱개로 나타내게 함으로써 위치적 기수법의 기초 개념을 형성하게 한다

단순히 그림으로 표현하거나 모형을 연결하는 활동이 중요한 것이 아니라 수의 구조를 파악하게 하는 것이 중요합니다. 10개씩 묶음 7개가 의미하는 것이 70이며 낱개 5개가 더해져 75가 된다는 위치적 기수법의 기초 개념을 이해할 수 있게 지도해야 합니다. 자릿값은 강조하지 않습니다.

선생님이 불러주는 두 자리 수를 10개씩 묶음과 낱개의 수모형으로 나타내는 놀이를 혼자서, 짝과 함께, 팀 대항 등 여러 번 합니다.

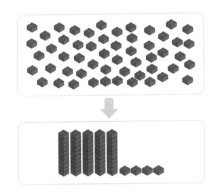

10개씩 묶음	낱개
5	4

⇒ 54

저학년 학생들의 한글 학습 정도를 고려하여 수를 '여덟', '마흔아홉', '칠십육', '첫째' 등과 같이 한글로 쓰게 하는 것은 지양한다

'여섯, 여덟'처럼 어려운 맞춤법을 지도해야 하는지 고민이 됩니다. 지도서에서는 수를 한글로 쓰기 지도는 지양하며, 8은 '팔, 여덟', 63은 '육십삼, 예순셋'과 같이 두 가지 방법으로 소리 내어 읽는 활동에 중점을 두어 지도할 것을 안내하고 있습니다.

수 세기가 필요한 장면에서 묶어 세기, 뛰어 세기의 방법으로 수를 세어 보게 한다

▌묶어 세기

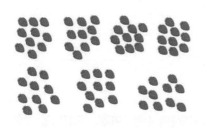

낱개 10개를 묶어서 표현합니다. 묶음의 개수는 십의 자리 숫자가 되고 낱개의 개수는 일의 자리 숫자가 됩니다. 10개씩 묶음이 한 개씩 늘어날 때 수를 쓰고 읽는 활동을 통해 수의 구조를 이해할 수 있습니다.

10개씩 묶어 세어볼까요?

▌뛰어 세기

2씩 뛰어 세기, 10씩 뛰어 세기

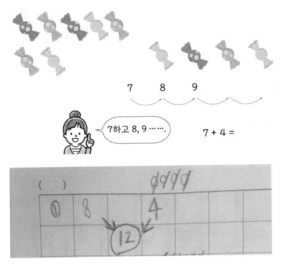

│ 이어 세기

덧셈의 답을 구할 때 이어 세기 합니다.

이어 세기 하며 덧셈하기

짝수와 홀수는 20 이하의 수의 범위에서 다루고, 실생활 상황에서 둘씩 묶어 보는 활동을 통하여 짝수와 홀수를 직관적으로 이해하게 한다

│ 짝수

2, 4, 6, 8, 10과 같이 둘씩 짝을 지을 수 있는 수

│ 홀수

1, 3, 5, 7, 9와 같이 둘씩 짝을 지을 수 없는 수

0은 짝수인가요? 홀수인가요? 짝수, 홀수는 '1, 2, 3….'처럼 셀 수 있는 숫자에만 붙이는 이름이에요. 그래서 0은 짝수도 홀수도 아니랍니다.

수를 분해하고 합성하는 활동은 20 이하의 수의 범위에서 한다

▌ 가르기, 모으기

가르기는 뺄셈의 기초가 되고 모으기는 덧셈의 기초가 됩니다. 바둑알, 연결 큐브, 렉켄렉 등의 구체물로 조작 활동을 하여 가르기와 모으기에 익숙해지게 합니다. 조작 활동 이후에도 가르기, 모으기를 어려워하는 학생들은 렉켄렉을 활용하거나 수만큼 동그라미를 그려 이어 세기를 하여 모으기 하고, 가르는 수만큼 동그라미에 빗금을 치며 가르기하여 수 감각이 향상되도록 지도합니다. 5를 0과 5로 가르기 하는 것은 부자연스럽고 추상적인 사고를 요구하는 것이므로 이 단계에서는 다루지 않는 것이 바람직합니다. 다만 학생이 5와 0의 가르기를 찾은 경우 정답으로 인정합니다.

10 가르기, 모으기 하여 10 만들기 그리고 10이 되는 더하기와 10에서 빼기 활동은 받아 올림이 있는 덧셈의 선수학습이 됩니다. 10의 보수인 1과 9, 2와 8, 3과 7, 4와 6, 5와 5를 자동화될 만큼 익숙해지게 합니다.

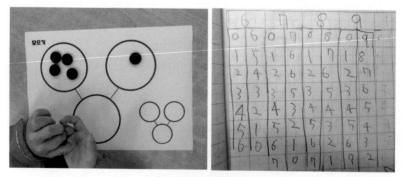

가르기 · 모으기

● 모으기를 해 봅시다.

● 가르기를 해 봅시다.

<10의 보수 익히기 놀이>

수학박사 10 만들기 노래(유튜브), 손가락으로 10 만들기 놀이, 보드게임 '아이씨텐', '렉켄렉'으로 10 만들기, 아이엠그라운드 10 만들기 놀이

<아이엠그라운드 10 만들기 놀이>

(함께)   아이엠그라운드 십! 만! 들! 기!

(선생님) 무릎 - 손뼉 - 엄지 - 칠(7)!

(학생)   무릎 - 손뼉 - 엄지 - 삼(3)!

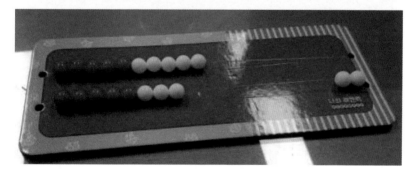

수 세기 교구: 렉켄렉

'~보다 ~만큼 더 큰 수', '~보다 ~만큼 더 작은 수', '더한다', '합한다', '뺀다', '덜어 낸다', '합', '차' 등의 일상용어를 사용하여 덧셈과 뺄셈의 의미에 친숙하게 한다

첨가와 합병 상황은 덧셈으로, 제거와 비교 상황은 뺄셈으로 문제를 해결합니다.

> · 첨가: 토끼 세 마리가 있었는데 두 마리가 더 왔습니다. 토끼는 모두 몇 마리인가요?
> · 합병: 노란 구슬은 3개, 빨간 구슬은 2개 있습니다. 모두 몇 개인가요?
> · 제거: 빵이 7개 있었는데 2개를 먹었습니다. 남은 빵은 모두 몇 개인가요?
> · 비교: 나는 연필 7자루, 친구는 연필 2자루를 갖고 있습니다. 나는 친구보다 몇 개의 연필을 더 많이 갖고 있나요?

합(합할 합, 合), 차(뺄 차, 差)라는 일상 용어를 아이들은 처음 배웁니다. 용어의 뜻을 알려주고 덧셈과 뺄셈 상황에서 적절한 연산을 선택하여 계산하도록 합니다.

가르기는 덧셈식, 모으기는 뺄셈식이라는 수식으로 전환됩니다. 덧셈과 뺄셈에 관련된 일상 속의 문제를 이야기로 표현하게 하면 덧셈과 뺄셈의 의미에 친숙해지고 덧셈식과 뺄셈식을 쉽게 이해할 수 있습니다.

· 가르기, 모으기 상황으로 이야기 만들기

3과 1을 모으면 4 → 선생님 시범 보이기 → 희망자 발표하기 → 짝과 이야기 만들기 → 전체 공유하기 → 덧셈식으로 나타내기

<예시>

· 선생님 시범: 선생님이 초콜릿을 너무 좋아해서 초콜릿을 3개 샀어요. 그런데 친구에게 초콜릿을 1개 선물 받았어요. 그래서 초콜릿이 모두 4개가 되었어요.

· 학생 희망자 발표: 저는 포켓몬 카드가 3개 있었고 친구는 포켓몬 카드가 1개 있었어요. 친구가 우리 집에 놀러 왔어요. 그래서 포켓몬 카드는 4개가 되었어요.

· 교과서 그림을 보고 이야기 만들기

그림에서 보이는 것을 찾아 말하기 → 그림을 보고 짝과 이야기 만들기 → 전체 공유하기 → 선생님과 이야기 정리하기 → 덧셈식, 뺄셈식으로 나타내기

<예시>

'새가 나무에 5마리 앉아있었습니다. 그런데 2마리가 날아왔습니다. 새가 모두 7마리가 되었습니다.' → 5+2=7

'7명이 탄 열차에서 3명이 내렸습니다. 그래서 열차에는 4명이 남았습니다.' → 7-3=4

한 자리 수인 두 수를 바꾸어 더해 보고 그 결과를 비교하는 활동을 통하여 덧셈의 교환법칙을 직관적으로 이해하게 한다

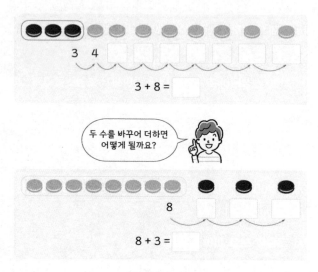

3 + 8 =

두 수를 바꾸어 더하면 어떻게 될까요?

8 + 3 =

덧셈의 교환법칙

덧셈과 뺄셈을 여러 가지 방법으로 계산하는 활동을 통하여 연산 감각을 기르게 하되, 이를 지나치게 형식화하여 다루지 않는다

▶ 이어 세기

• 바나나가 모두 몇 개인지 세어서 알아보세요.

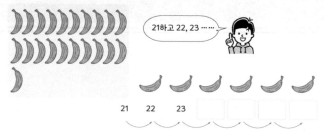

21하고 22, 23 ……

21   22   23

► △ 그려서 더하기, 빗금 그려서 빼기

● 나무 토막의 수만큼 빈칸에 △를 그려 알아보세요.

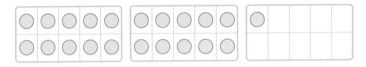

► 수모형(연결 큐브)으로 덧셈하기

모형(연결 큐브) 조작 과정을 통하여 덧셈의 결과를 직관적으로 인식하게 한 후 세로 형식의 덧셈 과정을 형식화합니다.

● 21+6을 어떻게 계산하는지 모형으로 알아봅시다.

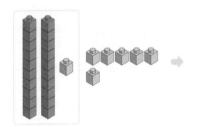

21 + 6 = 27

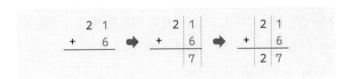

세 수의 덧셈에서는 세 수를 앞에서부터 순서대로 더한 결과와 합이 10이 되는 두 수를 먼저 더하고 나머지 수를 더한 결과를 비교하는 활동을 통하여 덧셈의 결합법칙을 직관적으로 이해하게 한다

- ☐ 안에 알맞은 수를 써넣으세요.

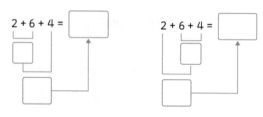

덧셈의 결합법칙

받아 올림이 있는 덧셈 지도

받아 올림이 있는 덧셈 지도 순서를 숙지하신 후 1학년 아이들이 이해할 수 있는 언어로 가르쳐주세요.

$$8 + 7 = 15$$

"사과가 8개 있어. 10개가 되려면 몇 개가 더 필요해? 맞아, 2개. 뒤에 있는 사과 7개를 2개와 5개로 가르기 하자. 8개와 2개를 더하면 10개, 남은 5개를 더하면 모두 15개."

1. 10의 보수 반복 연습하기
2. 가수(뒤의 수)를 가르기 하여 10을 만들어 더하기
3. 피가수(앞의 수)를 가르기 하여 10을 만들어 더하기
4. 더 작은 수를 가르기 하여 10을 만들어 더하기
5. 2~4번의 다양한 전략 중 더 나은 전략을 선택하여 덧셈하기

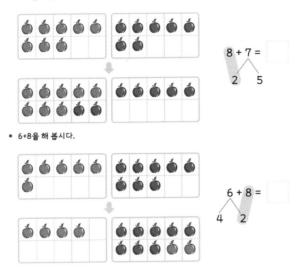

* 8+7을 해 봅시다.

$$8 + 7 = \boxed{}$$
2   5

* 6+8을 해 봅시다.

$$6 + 8 = \boxed{}$$
4   2

받아 올림이 있는 덧셈

받아 내림이 있는 뺄셈 지도

받아 내림이 있는 뺄셈 지도 순서를 숙지하신 후 1학년 아이들이 이해할 수 있는 언어로 가르쳐 주세요.

$$11 - 4 = 7$$

"사과가 11개 있어. 10개는 봉지 안에 있고 1개가 이렇게 밖에 있네. 4개를 친구에게 줘야 하는데 1개를 먼저 주자. 그리고 몇 개를 더 줘야 하지? 3개를 꺼내서 주면 7개가 남네."

1. 피감수를 10이 되도록 감수를 가르기(4를 1과 3으로 가르기) 한 후 피감수가 10이 되도록 일부를 빼고(11 − 1), 피감수인 10에서 남은 감수를 빼기(10 − 3)

2. 피감수를 10과 나머지로 가르기(11을 10과 1로 가르기) 한 후 10

에서 감수를 빼고(10−4), 남은 피감수 더하기(6+1)

3. 1, 2의 전략 중 더 나은 전략을 선택하여 뺄셈하기

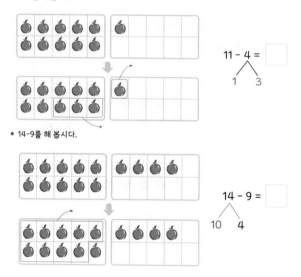

• 11-4를 해 봅시다.

11 - 4 = □
1 3

• 14-9를 해 봅시다.

14 - 9 = □
10 4

받아 내림이 있는 뺄셈

교과서 부록 수 카드로 할 수 있는 놀이

▌메모리 게임

아라비아 숫자 카드(1, 2, 3…)와 숫자 한글 카드(일, 이, 삼…)를 뒤
집어 두고 카드 두 개씩 뒤집어 같은 수가 나오면 점수를 얻는 놀이
(예: 5와 다섯을 뒤집으면 점수를 얻고 서로 다른 수가 나오면 원래대로 뒤집어
두기)

▌수 크기 비교하기 놀이

각자 가진 수 카드 중 짝과 동시에 뒤집은 카드의 수를 비교하여

큰 사람이 이기는 놀이

선생님이 말한 수보다 1만큼 더 큰 수 골라 들기, 1만큼 더 작은 수 골라 들기

숫자 카드 두 개 골라서 덧셈하여 합이 더 큰 사람이 이기는 놀이

수 감각 기르기 놀이

▌렉켄렉으로 수 놀이하기

선생님이 부르는 수만큼 구슬 옮기기, 10의 보수 찾기

▌박수 치기 놀이

- **1단계**
  선생님이 보여주는 손가락 수만큼 박수 치기
- **2단계**
  선생님이 보여주는 손가락 수보다 1 큰 수만큼 박수 치기
- **3단계**
  선생님이 보여주는 손가락 수보다 1 작은 수만큼 박수 치기

▌말판 보드게임

말판 놀이하며 말을 한 칸씩 이동하며 수 세기

(수량을 직관적으로 이해하게 되고 수 감각을 키울 수 있습니다. 2개의 주사위 눈의 합을 구할 때 이어 세기 하며 덧셈의 원리를 체득하며, 연산이 점점 자동화됩니다.)

▌어림하기

친구가 가져온 모형(바둑알)을 어림하여 몇 개인지 알아맞히기, 친구가 말한 수만큼의 모형(바둑알)을 어림하여 가져온 후 세어 보기

▌수로 문장 만들기 놀이

선생님이 제시한 수를 넣어 문장 만들기

(예: 우리 반에는 책상이 23개 있습니다. 저는 23번입니다. 줄넘기를 스물세
번 했습니다.)

▌수 그림책 읽기

숫자 숨바꼭질
0~9 숫자 모양 익히기,
그림책 읽은 후 숫자 그림 그리기

괜찮아 아저씨
0~10 숫자 익히기, 숫자 세기, 0의 의미 알기

잘잘잘
재미있는 이야기로 숫자 학습에 흥미를 돋우며
하나부터 열까지 수 익히기

09 자신 있게 체육수업하기

체육수업을 수월하게 준비하실 수 있는 팁과 1학년이 즐겁게 할 수 있는 체육 활동을 소개합니다.

1 첫 체육수업

첫 시간에는 줄 서기와 달리기를 합니다. 1학년은 급식소로 이동할 때와 같은 대형으로 줄 서게 합니다. 대형을 변화시킬 때는 아이들을 그대로 두고 선생님이 자리를 옮깁니다. 그리고 선생님을 정면에서 보도록 아이들의 몸을 돌리게 합니다.

줄을 서고 나면 '차렷, 열중쉬어, 앞으로 나란히, 옆으로 나란히' 자세를 연습합니다. 1학년 아이들이 처음 배우는 동작이기에 군기 바짝 든 군인처럼 진지하게 임한답니다.

준비운동을 한 후 두 명씩 출발하여 각 줄 앞의 콘을 터치하고 돌아오는 달리기를 합니다. "또 해요! 재미있어요!" 아주 간단한 달리기임에도 아이들은 발을 콩콩 구르며 신나게 경기합니다.

두 명씩 달리기가 잘 되면 다음 체육 시간에는 팀 대항 릴레이 달리기를 해보세요. 원 마커를 밟고 있다가 친구의 손 터치를 받아 출발하게 하면 릴레이 달리기도 곧잘 익힙니다. 이때 대기하는 아이들을 가로로 줄 서게 하면 친구들의 달리는 모습이 잘 보여 줄이 흐트러지는 것을 막고, 응원도 더 잘하게 됩니다.

2 1학년 체육수업 준비하기

1) 교실에서 경기 방법 미리 익히기

체육관이나 운동장에서는 학생들의 집중도가 매우 낮아집니다. 아침 시간이나 수업 자투리 시간을 할애하여 오늘 할 체육수업을 미리 알려주세요. 경기나 놀이의 규칙을 잘못 이해하여 우왕좌왕하는 일을 막고 체육수업의 실제 학습 시간을 늘릴 수 있답니다.

2) 규칙을 어기면 타임아웃

'규칙을 지키지 않으면 경기에 참여할 수 없음'을 알려주세요. 규칙을 어기는 학생이 있으면 단호하게 '타임아웃'을 하고 학생들이 지시에 따르는 분위기를 만들어야 합니다. 한 번, 두 번 넘어가면 아이들은 금세 느슨한 분위기를 알아채고 규칙을 어기거나 고집을 부리게 됩니다.

그리고 놀이 전에 연습 시간을 충분히 가져 규칙을 제대로 익히게 해야 합니다. 경기 중 수정하거나 추가해야 할 규칙이 있다면 과감하게 경기를 중단하고 안내합니다.

3) 수업에 집중하지 않으면 다음 체육수업은 없어요

특히 1학년 운동장 체육수업은 여간 힘든 게 아닙니다. '모래'라는 장난감, '개미'라는 생명체가 아이들을 유혹합니다. 친구들과 손이 닿아 키득거리며 장난칠 수 있는 공간이고요. 아이들의 집중력은 모래탑처럼 쉽게 무너질 수 있어요.

"여러분이 집중하지 않아서 체육수업을 진행할 수가 없어요. 지금 교실로 들어갑니다." 또는 "다음 주는 운동장 체육수업을 하지 않겠습니다."라고 단호하게 말씀하시고 실제로 교실에 들어가거나, 다음 주 체육수업을 쉬어 보세요. 선생님은 화내면서 아이들을 다그치실 필요가 없고, 아이들도 수업 태도를 바르게 하는 힘을 키우게 됩니다.

4) 마음이 자라고 있는 친구를 향한 배려

경기 규칙을 잘 이해하지 못하고 자신이 아웃되는 상황을 받아들이지 못하는 느린 학습자에게는 친구들의 배려가 필요합니다. 그럴 때 아이에게 화내시거나 선생님 권위로 해당 학생을 배려하지 마시고 반 아이들에게 물어봐 주세요.

"○○이는 아웃되었을 때 인정하고 받아들이는 마음이 아직 자라는 중이에요. 우리가 경기를 못할 정도로 우는데 어떻게 할까요?"

"세 번 기회를 줘요.", "탈락해도 계속하게 해줘요."

좋은 의견을 내는 아이들이 기특합니다. 자신들이 낸 의견이기 때문에 실제로 잘 따르고요. 다양한 친구들이 더불어 살아가는 따뜻한 경험을 하게 됩니다.

3 다양한 릴레이

맨손 릴레이 달리기가 능숙해지면 다음의 다양한 릴레이 경기를 해
보세요. 앞에서 알려드린 것처럼 원 마커를 밟고 있다가 친구의 손 터치
를 받아 출발하게 하면 순서를 잘 지켜 릴레이 경기를 할 수 있어요.

1) 신문지 릴레이

반환점까지 갈 때는 신문지를 배에 붙여 달리고(바람 때문에 신문지가
배에 달라붙어요), 반환점을 돌고 나서는 신문지를 손에 들고 달립니다.
그리고 다음 순서의 친구에게 신문지를 배턴처럼 전달합니다. 신문지가
아이들 배에 철썩 달라붙어 있는 모습, 신문지를 번쩍 들고 달리는 모습
이 재미있어서 달리는 친구들도, 응원하는 친구들도 즐거워합니다.

2) 주사위 릴레이

주사위를 던져 해당하는 곳의 반환점을 돌고 오는 릴레이입니다.
육 면에 종이를 끼울 수 있는 스펀지 주사위를 준비합니다. 숫자 1, 2,
3 각각 2개씩 또는 통합교과 시간에 배우는 열매의 이름, 동물의 이름
을 적은 종이를 스펀지 주사위에 끼웁니다. 반환점(숫자나 이름을 붙인
콘)을 거리가 차이 나게 하여 일직선(또는 지그재그)으로 놓습니다. 던져
서 나온 주사위 눈과 같은 반환점을 돌아 달려옵니다. 달리기 실력보다
운이 크게 영향을 미치는 놀이이기에 더욱 재미있습니다.

주사위는 출발점 바구니에 두는데 주사위를 던진 후에 다시 바구
니에 넣고 출발하게 합니다. 그렇게 하면 주사위를 일부러 멀리 던지거
나 뻥 차버리는 일이 없습니다.

3) 가위바위보 릴레이

'열정기백쌤'의 '가위바위보 릴레이'는 꼭 해보시기 바라는 체육 활동 중 하나입니다. 학급을 두 팀으로 나누고 원 마커 4개, 콘 6개를 준비합니다. 원 마커는 각 팀의 출발 자리, 출발 자리 3~4m 앞(상대 팀 가위바위보를 하는 친구가 서 있을 자리)에 한 개씩 둡니다. 그리고 가위바위보 하는 친구 뒤로 하여 일직선으로 콘을 3개씩 둡니다. 콘은 거리를 점점 멀게 하여 놓습니다.

각 팀에서 상대 팀과 가위바위보를 할 학생 한 명씩을 뽑습니다. 경기가 시작되면 첫 선수가 달려나가 앞에 있는 상대 팀 친구와 마주 보고 서서 가위바위보를 합니다. 이기면 가장 가까이에 있는 콘을, 비기면 두 번째에 있는 콘, 지면 가장 멀리 있는 세 번째 콘을 돌고 와서 다음 친구와 손 터치합니다. 이 놀이는 여러 번 하고 싶어 하는 놀이 중 하나입니다. 가위바위보 하는 역할을 한 번씩 하고 싶어 하므로, 시간을 충분히 확보하여 놀이하세요.

4

다양한 술래잡기

1) 한 걸음 술래잡기

펀 스틱을 활용한 다양한 놀이가 있는데 그중 '한 걸음 술래잡기'는 유아를 대상으로 하는 활동으로 소개될 만큼 쉬운 놀이입니다. 운동장, 체육관에서 모두 놀이할 수 있어요. 처음에는 교실 크기의 구역을 정하고, 경기하면서 구역은 점점 늘려갑니다.

술래는 펀 스틱의 아랫부분을 잡습니다. 그리고 "한 걸음~"이라고 말하면서 친구들을 향해 한 걸음을 크게 내딛습니다. 그러면 나머지 친구들도 "한 걸음~"이라고 따라 말하며 술래에게 잡히지 않도록 한 걸음을 크게 내딛습니다. 펀 스틱이 몸에 닿은 친구가 새로운 술래가 됩니다. 새로운 술래는 펀 스틱을 손에 쥐고 같은 방법으로 경기를 반복합니다.

다음의 3단계를 차례로 거치며 놀이에 익숙하게 하세요. 1단계에는 선생님이 계속 술래를 하면서 펀 스틱에 잡힌 친구들은 벌칙자 구역에서 팔 벌려 뛰기 5회 한 후 다시 놀이에 참여하게 합니다. 2단계에는 펀 스틱에 맞은 학생이 벌칙을 수행한 후 새로운 술래가 됩니다. 3단계에는 술래를 두 명으로 늘리고, 경기장을 크게 하여 놀이합니다.

2) 라인 술래잡기

체육관 바닥 라인을 이용한 술래잡기로, 모든 학생이 라인을 따라 걷거나 가볍게 뛰며 이동합니다. 단, 술래는 다른 라인으로 뛰어넘을 수 있지만, 나머지 친구들은 라인을 뛰어넘을 수 없습니다. 술래는 펀 스틱으로 친구들을 태그하여 아웃시킵니다. 잡힌 친구들은 경기장 밖에서 팔 벌려 뛰기를 5회 한 후 다시 경기에 참여할 수 있습니다. 정해진 시간이 지나면 술래를 바꿔 진행하고 경기 규칙에 익숙해지면 술래를 1명에서 2~3명으로 늘려 놀이합니다.

3) 말미잘 술래잡기

2명의 술래는 조끼를 입고, 뛰어다니면서 친구들을 태그할 수 있습니다. 나머지 학생들은 체육관의 한쪽 끝에 서 있다가 시작 신호가 울리면 술래를 피해 체육관 다른 한쪽 끝으로 달려가야 합니다. 술래에게 잡히면 말미잘 술래가 됩니다. 말미잘은 바닷속 바위나 모래에 붙어 생활하고, 산호인 척 가만히 있다가 다른 동물을 잡아먹는 생명체죠. 그래서 말미잘 술래가 되면 체육관 가운데 일렬로 서서 다리는 움직이지 못하고 상체만 움직여 친구들을 태그해야 합니다.

원 술래와 말미잘 술래를 피해서 이동하기 위해 아이들은 다양한 전략을 세웁니다. 술래의 관심을 끌기 위해 뛰어나가는 타이밍을 조절하고, 말미잘 술래를 피하려고 체육관 바닥을 기어가기도 합니다. 술래에게 가장 먼저 잡힌 친구 2~3명을 다음 술래로 정하거나 돌아가며 한 번씩 술래가 되게 하여도 좋습니다.

4) 태풍 술래잡기

체육관 반 정도로 구역을 정하고 큰 태풍(술래) 2~3명은 조끼를 입습니다. 술래는 열까지 숫자를 센 후 친구들을 잡으러 갑니다. 잡힌 친구들은 작은 태풍이라는 또 다른 술래가 됩니다. 작은 태풍은 힘이 약해 자리를 이동할 수 없고, 잡힌 자리에서 팔만 움직여 친구들을 태그할 수 있습니다. 큰 태풍과 작은 태풍이 나머지 친구들을 다 잡으면 한 경기가 끝납니다. 땀을 뻘뻘, 숨을 헉헉거릴 정도로 운동량이 많으므로 술래를 바꿀 때 자리에 앉아 잠시 숨을 고르는 시간을 주세요.

5) 고양이와 쥐 술래잡기

체육관, 운동장에서 놀이할 수 있으며 술래용 조끼 한 개를 준비합니다. 규칙을 익힐 때 시간이 조금 걸리지만 한 시간 내내 재미있게 놀이할 수 있는 술래잡기입니다. 고양이 1명, 쥐 1명을 정하고 나머지 학생들은 정해진 구역 내에서 두 명씩 손을 잡고 서 있습니다.

고양이를 맡은 학생은 조끼를 입고 시작 신호가 울리면 쥐를 잡으러 갑니다. 쥐를 맡은 학생은 고양이를 피해 이동하다가 손잡고 있는 학생 중 한 명(A)의 손을 잡을 수 있습니다. 그러면 학생 A와 손을 잡고 있던 학생 B는 A의 손을 놓고 새로운 쥐가 됩니다. 고양이는 새롭게 쥐가 된 친구를 잡아야 합니다. 새로운 쥐는 고양이를 피해 이동하다가 짝을 이루고 있는 친구의 손을 잡기를 반복합니다.

새로운 쥐가 되는 경우 말고는 짝의 손을 놓지 않아야 합니다. 쥐가 고양이에게 잡히면 쥐는 다음 경기의 고양이 술래가 됩니다. 1학년은 술래가 되고 싶어 하므로 희망자 중에서 고양이와 쥐 술래 역할을 주어도 좋습니다.

5 다양한 공놀이

1) 공 굴리기 피구

피구의 기초 버전으로 체육관, 교실에서도 놀이할 수 있고 1학년이 쉽게 익힐 수 있는 공놀이입니다. 탱탱볼이나 피구공 하나를 준비하고 학급을 두 팀으로 나눕니다. 공격팀은 원 대형으로 양반다리를 하고 앉습니다. 손을 잡고 원을 만든 후 자리에 앉게 하면 쉽게 원 대형을 만들 수 있어요. 수비팀은 원 안에 들어갑니다.

공격팀이 공을 굴려 수비팀 친구들의 허리 아래, 즉 발이나 다리를 맞혀 아웃시킵니다. 놀이 전에 5~6명씩 앉아 공 굴리는 연습을 하면 좋습니다. 공격팀이 굴린 공에 맞아서 아웃된 학생은 탈락자 존에 앉습니다.

공격팀이 공을 굴리지 않고 위로 던졌을 때, 상대 팀의 허리 위쪽으로 공을 맞혔을 때 맞은 학생은 아웃되지 않습니다. 제한 시간 동안 진행하며 아웃되지 않고 살아있는 학생 수를 세어 승패를 가립니다. 1학년은 승패보다는 '몇 명이 남았네' 정도만 알려주셔도 좋습니다. 공수를 바꾸어 진행합니다.

2) 가가볼

공 굴리기 피구를 하면서 공을 굴리고 피하는 연습을 충분히 했다면 '가가볼'을 해보세요. 외국에서 유행한 놀이인데 우리나라에서는 교실 놀이로 소개되고 있습니다.

중학년 이상에서 원활하게 진행할 수 있지만 복잡한 놀이를 잘 익히는 1학년 2학기라면 추천합니다. 유튜브에서 '가가볼'을 검색하면 자세한 놀이 방법을 익힐 수 있습니다.

교실 책상을 눕혀 경기장을 만들고 4~6명의 학생이 경기장 안에 들어가 책상 모서리를 잡습니다. 교실 의자는 눕혀진 책상 뒤쪽에 두어 경기에 참여하지 않는 학생과 경기 중 아웃된 학생이 제 의자에 앉게 합니다.

선생님이 탱탱볼을 경기장 안으로 넣은 후, 공이 튀어 오르는 타이밍에 맞춰 "가! 가! 볼!"이라고 함께 외칩니다. 아무나 공을 잡을 수 있고 공을 쳐서 친구의 허리 아래로 공을 맞혀 아웃시키는 놀이입니다. 마지막 남은 사람이 승자가 되며 1학년은 개인전으로 경기를 진행하는 것이 좋습니다.

경기에는 세 가지 규칙이 있습니다.

첫째, 한 명이 연속으로 공을 칠 수는 없으나, 벽에 공을 튕기며 여러 번 드리블할 수는 있습니다.

둘째, 허리 아래로 공을 맞으면 아웃됩니다.

셋째, 공을 경기장 밖으로 나가게 한 친구는 아웃됩니다.

마지막까지 남은 1인이 승리합니다. 한 경기가 빨리 끝나기 때문에 학생들이 여러 번 경기에 참여할 수 있습니다. 소극적인 학생들은 첫 번째 공을 잡을 수 있도록 의도적으로 가까이에서 공을 던져 줍니다.

3) 피구

공 굴리기 피구와 가가볼이 원활하게 진행되고, 공 던지고 받기를 연습했다면 피구에 도전해 보세요. 복잡한 놀이 규칙을 잘 이해하지 못하는 아이, 공에 맞았을 때 울며 떼쓰는 아이가 많은 학급은 추천하지 않습니다. 교실에서 먼저 피구 경기 규칙을 설명한 후 진행합니다.

저는 원래 피구 규칙에서 세 가지를 변경하여 진행했어요.

첫째, 두 팀 선수들 모두 내야(직사각형) 안에 들어가 경기를 시작하며 공에 맞아 아웃되면 외야(상대 팀 라인 밖)에 위치합니다. 아웃되었을 때 학생들이 서야 할 위치를 한 명씩 지정해 줍니다. 이렇게 반복하면 라인 밖에서 상대 팀을 맞힐 수 있는 유리한 위치를 습득합니다. 둘째, 외야수가 공을 잡지 못해서 공이 경기장 밖으로 나갈 때, 원래는 상대 팀 공이 되지만 1학년들은 공을 놓쳐도 그대로 외야 공으로 인정해 줍니다. 셋째, 외야수가 자리를 이동하면서 공격하지 않고 자기 자리에서 공을 던지도록 합니다.

6 전통 놀이

1) 비사치기

체육관, 운동장, 교실에서 모두 할 수 있으며 각자 비사를 하나씩 가지고 시작합니다. 학급을 두 팀으로 나누고 양쪽에 3~4m 정도 거리를 두고 마주 보고 섭니다. 비사를 들고 이동하기가 쉽지 않기에 거리가 멀지 않아야 합니다. 한 팀이 비사를 세워두면 다른 팀이 상대 팀 짝의 비사를 넘어뜨리게 합니다. 상대 팀 짝이 비사를 넘어뜨릴 수 있도록 응원해 주고 잘 넘어뜨리면 축하해 주도록 합니다.

유튜브 '차곡차곡TV'의 체육 놀이 비사치기 8단계 영상을 참고해서 지도했습니다.

1단계 막 까기: 자신의 돌을 던져 비사를 넘어뜨리기(비사를 던지는 거리를 정해주기)

2단계 도둑: 돌을 발등에 올리고 살금살금 가서 비사 넘어뜨리기

3단계 오줌싸개: 돌을 무릎 사이에 끼우고 가서 비사 넘어뜨리기

4단계 배 사장: 돌을 배에 얹고 가서 비사 넘어뜨리기

5단계 신문팔이: 돌을 겨드랑이에 끼우고 가서 비사 넘어뜨리기

6단계 훈장: 돌을 어깨 위에 올려놓고 가서 비사 넘어뜨리기

7단계 턱 까기: 돌을 턱 아래에 끼워놓고 가서 비사 넘어뜨리기

8단계 떡장수: 돌을 머리에 이고 가서 비사 넘어뜨리기

2) 사방치기

요즘은 놀이 교육 사업으로 교사(校舍) 내 바닥에 사방치기 라인이 그려진 학교가 많습니다. 만약 사방치기 공간이 없다면 그림이 그려진 매트를 구매하거나 분필로 라인을 그어 놀이할 수 있습니다. 돌은 비사치기의 비사를 사용하면 좋습니다.

사방치기는 바닥에 그려진 1단계부터 시작하여 8단계까지 통과하는 놀이로, 1단계 칸에 돌(비사)을 던진 후 번호 순서대로 밟으며 8단계 칸까지 갔다가 다시 시작점으로 돌아옵니다. 자신의 돌이 놓인 칸은 밟지 않아야 하며 다시 돌아올 때 자신의 돌을 주워와야 합니다. 1단계를 통과하면 2단계 칸에 자신의 돌을 잘 조준하여 던지고 8단계 칸까지 갔다가 돌아오기를 반복합니다.

원래 규칙으로는 돌을 자신의 단계 칸에 넣지 못하거나 이동하면서 선을 밟으면 아웃이지만 사방치기를 처음 배우는 1학년은 자신의 차례에 한 단계를 통과할 수 있도록 기회를 줍니다. 이 놀이를 하며 아이들은 한 발 뛰기, 균형잡기를 연습할 수 있고 자신의 차례를 기다리며 놀이하며 사회성도 기를 수 있습니다.

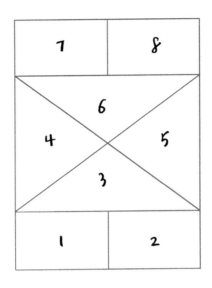

3) 달팽이 놀이

사방치기와 마찬가지로 교사 바닥에 달팽이 놀이 라인이 그려진 학교가 많습니다. 이 라인을 활용하거나 분필로 라인을 그어 놀이합니다. 학급을 두 팀으로 나눈 후 한 팀은 달팽이의 맨 안쪽에 한 줄로 서고, 다른 팀은 달팽이 라인 밖에 한 줄로 서서 두 팀이 서로 마주 봅니다. 각 팀의 첫 선수가 서 있는 위치의 한 칸 앞을 '집'이라고 부르고 표시해 둡니다.

경기가 시작되면 각 팀의 첫 선수가 상대 팀을 향해 걸어갑니다. 두 선수가 만나면 가위바위보를 하고 이긴 학생은 가던 길을 계속 갈 수 있으며 진 선수는 자기 팀의 맨 뒤로 가야 합니다. 가위바위보를 진 팀에서는 다음 선수가 나와서 상대편 선수를 만납니다. 가위바위보를 연속으로 이겨서 상대편의 집에 들어가면 1점을 얻고, 정해진 시간 동안 상대 팀 집에 많이 들어간 팀이 이깁니다.

경기 규칙을 익히는 초반에는 꼭 걷도록 하고 규칙에 익숙해지면 뛰되, 상대 팀과 가까워지면 걷다가 멈추도록 합니다. 그리고 앞 친구가 져서 자신이 나갈 차례여도 가만히 있는 학생이 많으니, 선생님께서 학생의 이름을 불러주세요.

달팽이 라인을 그리기 힘들 때는 원 마커를 일렬로 바닥에 여러 개 두어 대형만 바꾼 같은 방식으로 진행해도 좋습니다. 두 팀 선수를 원 마커 뒤쪽에, 그리고 두 팀이 마주 보며 서게 한 후 앞으로 한 칸씩 콩콩 뛰어와서 상대 팀 친구와 만나면 가위바위보 합니다. 그리고 상대 팀의 첫 원 마커에 도착하면 1점을 얻을 수 있습니다. 정해진 시간 동안 많은 점수를 얻은 팀이 이깁니다.

4) 8자 놀이

운동장 바닥에 8자를 그립니다. 술래는 집 위치에 서 있다가 숫자를 열까지 센 후에 출발합니다. 술래는 8자 길만 갈 수 있고 강을 건널 수 없습니다. 나머지 친구들은 강을 뛰어 건널 수 있어요. 술래에게 잡히거나 선 밖으로 나간 친구가 다음 술래가 됩니다. 5~6명씩 놀이하게 하면 더욱 안전하게 놀이할 수 있어요.

교구 활용 놀이

1) 플레이 스쿠프

1학년도 사용할 수 있는 체육 교구를 찾다가 '플레이 스쿠프'를 발견하였습니다. 라켓과 공이 가벼운 플라스틱으로 만들어져 안전합니다. 그리고 공이 큰 편이라 1학년도 던지고 받는 놀이를 하기에 좋습니다.

1. 공 전달하기: 한 줄로 선 상태에서 라켓만 한 손에 듭니다. 맨 앞의 친구가 라켓에 공을 넣은 후, 라켓을 기울여서 다음 친구에게 공을 전달합니다. 마지막 친구까지 공을 줄줄이 전달하는 놀이이며, 중간에 공이 떨어지면 떨어뜨린 친구가 주워야 합니다.

다음에는 라켓과 공을 하나씩 가지고 던지고 받는 놀이를 합니다. 다음의 순서대로 진행하며 낮은 높이에서 공을 던지다가 점점 높게 던져 받습니다.

2. 던지고 받기: 한 손으로 공을 던진 후 라켓으로 공 받기, 라켓에 담긴 공을 던진 후 라켓으로 받기
3. 튀기고 받기: 공을 바닥에 튕긴 후 라켓으로 공 받기
4. 짝과 공 주고받기: 짝이 던지거나 바닥에 튕긴 공을 라켓으로 받기

2) 콩주머니 놀이

콩주머니를 체육관 가운데 바구니 안에 둡니다. 바구니로부터 같은 거리에 세 팀을 한 줄로 서게 하고 각 팀의 1번 주자는 원 마크를 밟고 섭니다. 선생님의 시작 신호에 1번 주자들은 바구니 안에 있는 콩주머니 한 개를 가져와 자기 팀 바구니에 담습니다. 반드시 하나만 가져가도록 강조하고 실수로 많이 가져왔다면 다음 친구가 가져다 놓도록 합니다. 그다음에는 2번 주자가 출발하여 콩주머니를 가져오며 가운데 바구니 안에 있는 콩주머니가 모두 없어질 때까지 릴레이로 진행합니다. 가장 많은 콩주머니를 가져간 팀이 이깁니다.

1학년 무르익기

독서 지도

1 아침 시간에는 무조건 책 읽기

아침 시간에는 무조건 책 읽기를 합니다. 오로지 책만 볼 수 있는 시간과 공간을 마련해줍니다. 아이들이 독서하지 않는 이유 중 하나는 다른 재미있는 놀 거리가 많기 때문이에요. 텔레비전, 스마트폰, 장난감만 없으면 될까요? 아닙니다. 우리 1학년에게는 그림 그릴 종이와 색칠 도구, 색종이도 아주 재미있는 놀 거리입니다.

책 읽는 아침 시간 10분 동안에는 오로지 책만 줍니다. 그렇게 책을 읽다 보면 책에서 눈을 못 떼는 학생이 생깁니다. 3월에는 아침 독서 시간에 엉덩이를 들썩이던 아이가 몇 개월이 지나면 히죽히죽 웃으며 책장을 넘깁니다. 빠를수록 좋은 아침 10분 독서는 입학식 다음 날부터 바로 시작하는 것이 좋습니다.

2 수업 자투리 시간에도 책 읽기

자투리 시간에도 아이들에게 그림책을 읽게 해보세요. 티끌 같은 시간을 모아 태산 같은 독서 시간을 확보할 수 있습니다. 그리고 자투리 시간에 책 읽기를 하면 수업 중 활동이나 과제를 더 충실히 해내게 하는 좋은 점도 있습니다. (3장_5. '재미있는 것은 나중에 주세요' 참고)

1학년을 두 번째 맡은 해에는 수업 자투리 시간에 책을 읽게 했더니 아이들은 과제를 충실하게 한 후, 읽고 싶은 책을 골라 조용히 책을 읽었습니다. 독서 습관을 만드는 비결 그리고 책을 좋아하게 만드는 비법은 책만 읽는 시간을 주는 것이었습니다.

3 매일 그림책 읽어주기

선생님이 읽어주는 책은 자동차에 넣어주는 연료와 같습니다. 자동차에 주기적으로 연료를 넣어주어야 하는 것처럼 아이들에게 책을 자주 읽어주면 책에 대한 흥미를 오래 유지할 수 있습니다.

특히 입학 적응 기간에는 매일 한 권씩 읽어주고 그 책을 교실에 비치해 두세요. 책 읽기를 좋아하지 않는 아이들도 선생님이 읽어준 그림책은 서로 읽겠다며 다툴 정도입니다. 한글을 못 읽는 학생이 있다면 그림책을 더 자주 읽어주세요. 선생님이 읽어준 그림책을 보고 또 보며 한글 공부가 됩니다.

집중력이 떨어지는 오후 시간에도 그림책을 읽어주세요. 점심시간이 끝나고 이런저런 이유로 소란스러울 때, 선생님이 읽어주는 그림책은 잃어버린 집중력을 되찾아 준답니다.

4 교실에 책이 가득하도록

매일 아침 시간과 자투리 시간에 책을 읽으려면 일주일에 스무 권 정도의 그림책이 필요합니다. 저는 1학년 입학 선물로 아이들이 좋아하는 인기 그림책을 구매하여 학급에 비치했습니다.

그리고 매주 **월요일에 새로운 책 스무 권을 학교 도서실에서 대출했습니다.** 일찍 등교하는 아이들과 도서실에 가서, 우리 교실에 한 번도 오지 않은 책을 데리고 왔습니다. 월요일이면 도서실에 같이 가려고 일부러 일찍 등교하는 아이들도 있었답니다. 교실 앞쪽에는 철제 책꽂이를, 교실 뒤쪽 사물함 위에는 독서대를 두어 책 표지가 보이도록 진열해 두었습니다. 아이들이 표지를 보고 골라 읽을 수 있도록요.

5 독후활동은 짝 대화로

그림책을 읽어주기만 하면 되나요? 그림책을 읽고 독후활동을 해야 하지 않나요? 그림책을 읽어준 후 시간이 걸리는 독후활동까지 한다면 교과 수업에 부담이 될 수 있습니다. 그래서 짝 대화로 하는 독후활동을 추천합니다. 그림책을 다 읽어준 후 '책을 읽은 후의 느낌, 가장 재미있었던 부분, 내가 찾은 보물 단어' 중 한 가지 이야깃거리를 던져 주고 짝과 번갈아 이야기를 나누도록 합니다. 제 생각을 표현하고 친구의 이야기까지 듣는 데 2~3분이면 충분하답니다.

6 책을 열심히 읽으면 똑똑해져!

"선생님은 한글을 못 떼고 학교에 입학했어. 3학년 때는 수학 문제를 많이 틀렸어. 그런데 5학년부터 공부를 잘하게 되었어. 비결이 뭘까?" 이야기를 좋아하는 아이들의 눈빛이 반짝입니다.

"선생님이 다니던 학교 바로 옆에 큰 도서관이 있었는데 점심시간마다 책을 빌리러 갈 수 있었어. 명작동화, 전래동화, 15소년 표류기, 톰 소여의 모험 같은 책을 신나게 읽었어. 책을 읽으면 똑똑해진다는 게 진짜였어."

"그런데 책을 한 권 읽는다고, 책을 하루 읽는다고 바로 효과가 나지 않아. 매일 읽어야 해. 우리가 아침 시간에 책을 10분씩 읽고 있지? 이 시간에 집중해서 책을 읽자. 우리는 1학년이니까 지금부터 책을 열심히 읽으면 정말 똑똑해지고 지혜로워질 수 있겠다. 우리 해볼까?" 고개를 끄덕이는 아이들의 눈빛이 비장해집니다. 선생님께서 경험하신 책 이야기를 우리 아이들에게 들려주세요.

7 학습만화는 안 돼요?

"선생님, 만화책 읽어도 돼요?" 아이들과 학부모의 단골 질문이지요. 저는 이렇게 답해줍니다.

"책을 읽으면 똑똑해진다고 했죠? 그림책, 동화책을 읽으면 이만큼(열 손가락을 다 펴면서) 똑똑해진다고 하면, 만화책은 요만큼만(손가락을 세 개만 펴면서) 똑똑해져요."

"아~" 기대한 답이 아니라 아이들은 아쉬워합니다.

"아침 독서 시간에는 우리를 이만큼 똑똑하게 해주는 그림책, 줄글 책만 읽기로 해요." 아쉬워도 어쩔 수 없지요. 학습만화는 쉬는 시간, 점심시간에만 읽게 했습니다.

그림일기 지도

1학년을 맡은 첫해 그림일기를 지도했던 첫날을 기억합니다. 쏟아지던 아이들 질문에 정신이 혼미할 정도였습니다. "'꽃' 글자는 어떻게 써요?", "'학교'랑 '에'는 띄어요?" 아이들이 쏟아 내는 맞춤법과 띄어쓰기 질문이 너무 많아서 '내가 잘 못 가르쳤나?'라는 생각까지 들었습니다.

하지만 1학년이 '문장 쓰기'를 어려워하는 것은 당연합니다. 더 많은 읽기 인풋과 쓰기 경험이 필요한데 아직 1학년들은 그만큼의 경험이 쌓이지 않았거든요. 그래서 1학년을 맡은 둘째 해에는 그림일기 쓰기 단원에 시수를 많이 배정하고 다음의 4단계를 순차적으로 지도했습니다.

1단계: 소리 나는 대로 쓰기

2단계: 띄어쓰기

3단계: 함께 쓰기

4단계: 옮겨 쓰기

1 1단계 : 소리 나는 대로 쓰기

문장을 쓰기 위해서는 우선 글자를 쓰기 시작해야 합니다. 그런데 맞춤법에 맞는지 불안해하며 하나하나 선생님께 확인받으려 하는 아이들은 쓰기 출발선에 멈춰있게 됩니다. 맞춤법은 마지막 검사를 하며 알려준다고 이렇게 말합니다.

"어떻게 써야 하는지 모르는 글자는 소리 나는 대로 쓰세요."

동 학년 선생님께 배운 꿀팁입니다. 우리 반은 문장을 쓰라고 하면 맞춤법 질문부터 하는데 옆 반 아이들은 망설임 없이 써 내려가는 거예요. 비결을 여쭤봤더니 소리 나는 대로 쓰게 한다고 알려주셨습니다. 이렇게 하면 아이들은 거침없이 쓰게 되고 선생님께서는 한 명씩 검사할 때 맞춤법을 지도해 주시면 됩니다. 한글을 지도하면서 찾아본 「한글 맞춤법」 총칙 제1항을 보고 깜짝 놀랐습니다.

'한글 맞춤법은 표준어를 소리대로 적되, 어법에 맞도록 함을 원칙으로 한다.'

한글은 소리대로 표기하는 소리글자이니까요.

2 2단계 : 띄어쓰기

1학년 국어과 교육과정에서 띄어쓰기는 따로 다루지 않고 문장 쓰기 단원에서 함께 공부합니다. 하지만 제가 만난 아이들은 맞춤법만큼이나 띄어쓰기를 어려워했습니다. 그래서 시간을 따로 확보하여 띄어쓰기를 지도했습니다.

한글 맞춤법 제2항: 문장의 각 단어는 띄어 씀을 원칙으로 한다.

한글 맞춤법 제41항: 조사는 그 앞말에 붙여 쓴다.

이 두 가지 규칙만 가르쳐도 이해할 수 있는 문장을 쓰기에 충분합니다. 아래는 띄어쓰기를 지도하며 아이들과 나눈 대화입니다.

선생님: 새, 하늘, 난다.

아이들: 네?

선생님: 어떻게 말하면 이해할 수 있는 문장이 될까?

아이들: 새가 하늘을 난다.

선생님: (칠판에 판서) 새가하늘을난다.

아이들: 이번엔 띄어쓰기가 잘못됐어요.

선생님: 맞아. 각 낱말을 띄어 써야 해. 이 문장에는 낱말은 무엇이 있지?

선생님: 낱말에 동그라미 해보자.

　　　　낱말은 '새, 하늘, 난다'처럼 뜻이 있는 말이야.

선생님: '가'는 어떤 낱말을 도와주는 말이지?

아이들: 새

선생님: 맞아. '가'는 '새'를 도와주는 말이니까 '새'에 붙여 써야 해.

　　　　'을'은 어떤 낱말에 붙여 써야 할까? '을'은 '하늘'에 붙여 써야 해.

　　　　'은/는/이/가, 을/를'처럼 도와주는 말은 앞말에 붙여 써.

　　　　띄어쓰기한 문장을 읽어보자.

아이들: 새가∨하늘을∨난다. (실제로 '새∨가하늘∨을난다' 이렇게 쓰는 아이들이 많습니다.)

아이들이 일기에 자주 쓰는 문장을 골라 학습지를 만들었습니다. 띄어쓰기가 안 된 문장을 제시하여 띄어쓰기 표시(쐐기표)를 하게 합니다. 그리고 띄어쓰기한 문장을 열 칸 공책 양식에 옮겨 쓰게 했습니다.

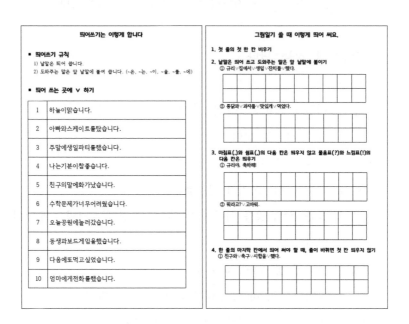

3 3단계 : 함께 쓰기

교과서 활동으로 그림일기 쓰는 형식을 배웠지만 실제로 하얀 백지의 일기장을 주면 "여기에는 뭘 써요?"라는 질문이 또 쏟아집니다.

학생들과 같은 그림일기 공책을 실물화상기로 보여줍니다. 아이들이 가져온 그림일기가 두 종류라면 비교해서 보여줍니다. 년, 월, 일, 날씨 쓰는 것부터 알려줍니다. 이런 것도 알려주나 싶을 정도까지 알려주세요.

"우리 반이 어제 함께 했던 일 중에 기억 남는 일은 무엇인가요?"

어떤 글감으로 쓸지 함께 정합니다.

"첫 문장을 뭐라고 쓸까요?"

"우리가 무슨 일을 했죠?"

"어떤 생각이나 느낌이 들었나요?"

이렇게 질문하며 아이들이 만든 문장을 가져와서 일기를 함께 씁니다. 이 과정을 통해 아이들은 '있었던 일 중에 기억 남는 일 한 가지를 골라 자세히 쓰는구나. 있었던 일을 쓰고 생각과 느낌을 쓰는구나!' 일기 쓰는 법을 자연스럽게 알게 됩니다.

그림일기의 그림을 그릴 때는 중요한 장면만 큼직하게 그리게 합니다. 다 그린 후 친구들의 그림일기를 실물화상기로 비춰 보여줍니다. 친구들의 그림에서 배울 점을 찾아 자신의 멋진 일기를 쓸 수 있게요. 이렇게 월화수목금 5일간 매일, 선생님과 함께 그림일기를 씁니다.

4 4단계 : 옮겨 쓰기

그다음 주에는 스스로 글감을 고른 후 열 칸 공책에 일기를 씁니다. 모르는 글자는 소리 나는 대로 쓰고, 띄어쓰기도 자신이 생각하는 대로 스스로 해보게 합니다. 맞춤법, 띄어쓰기를 교정받고 나서 그림일기 공책에 옮겨씁니다. 한 명씩 피드백해 주면 모르는 글자를 알게 되고 띄어쓰기도 익히게 되죠. 메타인지를 발현할 기회이기도 합니다. '내가 이 글자를 몰랐구나. 이때는 띄어 쓰는구나.' 스무 명의 일기를 하나씩 교정하는 일이 꽤 힘들지만 한 번 두 번 거듭할수록 소요 시간이 줄고 교정할 맞춤법도 줄어듭니다.

　아직 한글을 잘 쓰지 못하는 학생은 쓰고 싶은 문장을 말하게 하고, 열 칸 공책에 적어주었습니다. 아이는 그림일기 공책에 옮겨쓰고요.

　1학년의 맞춤법, 띄어쓰기는 읽는 사람이 이해할 수 있을 정도면 충분합니다. 아이들이 문장을 써 내려갈 수 있게 하는 글쓰기 지도라고 생각하면 좋겠습니다.

03 받아쓰기 지도

요즘은 받아쓰기 공부도 늦게 시작하는 추세입니다. 하지만 한 글자 한 글자를 유심히 읽고 쓰면 맞춤법을 익히는 데 도움이 되기에, 2학기에는 욕심을 내어 받아쓰기 지도를 시작했습니다.

1학년을 맡은 첫해에는 학교에서 받아쓰기를 함께 공부하고 가정에서도 연습해오도록 했습니다. 그런데 "백 점 받으면 엄마가 핸드폰 사주기로 했어요." 선물을 못 받을까 봐 예민하게 반응하는 아이, "많이 틀리면 혼나요."라며 짜증을 내는 아이들이 있었어요. 안 그래도 불안정한 교실이었는데, 아이들의 문제 행동이 심해질까 긴장하는 시간이 되어 버렸습니다.

저는 학생·학부모·선생님의 스트레스를 줄이고 공부 효율을 높이는 받아쓰기 지도를 하고 싶었습니다. 그래서 다음 세 가지를 만족하는 받아쓰기를 준비했습니다. 첫째, 낱말이나 짧은 구절로 받아쓰기할 것. 둘째, 소리 중심으로 글자를 익혀 쓸 것. 셋째, 숙제를 내지 않고 학교에서 공부할 것.

1 받아쓰기 교재

김수현 선생님의 '한 권으로 끝내는 받아쓰기' 교재는 앞의 세 가지 조건을 만족합니다. 예산이 된다면 학생 수대로 구매를 권하며, 그렇지 않다면 이 교재의 흐름을 참고하여 지도하면 좋을 것 같습니다.

이 교재는 국어 교과서의 낱말과 구절, 문장으로 받아쓰기 문제를 구성했는데 1급은 1학기 1단원의 '나, 너, 우리 가족' 등의 쉬운 낱말로 되어 있으며 점진적으로 난도가 높아집니다. 마지막 15급은 1학기 마지막 단원의 열 글자 이내의 문장으로 되어 있어 1학년 학생들에게 적절한 수준의 받아쓰기 지도를 할 수 있습니다.

그리고 한 급수가 '소리 내어 읽기 → 모음 쓰기 → 자음 쓰기 → 빈칸의 글자 쓰기 → 띄어쓰기가 표시된 칸에서 쓰기 → 백지에 쓰기'까지 총 7단계로 이루어져 있습니다. 특히 모음 쓰기와 자음 쓰기 단계에서 자모음의 소리를 생각하며 글자를 조합하는 공부를 할 수 있어 좋았습니다.

하루에 1~2단계씩 진행하면 일주일에 한 급수를 통과하여 2학기 안에 15급을 끝낼 수 있습니다. 특히 숙제를 내지 않고 2학기 아침 활동 시간에 할 수 있기에 더욱 좋습니다.

2 소리 내어 읽기

받아쓰기 공부의 첫 단계는 읽기입니다. **틀리기 쉬운 맞춤법과 띄어쓰기를 유심히 보며 소리 내어 다섯 번 반복하여 읽게 했습니다.** 예를 들어 낱말 '그네'의 틀리기 쉬운 글자 '네'를 짚어주며 읽게 합니다. '우리 학교'에서 '우리'와 '학교'는 각각 뜻을 가진 낱말이므로 띄어 쓰도록 지도합니다. 아이들의 글 읽는 소리가 서당에서 천자문 읽는 아이들 소리처럼 진지합니다.

3 모음 쓰기, 자음 쓰기

선생님은 "그네"라고 불러줍니다. 교재에는 ㄱ, ㄴ만 적혀 있고 모음이 비어 있습니다. 통 글자 '그네'를 외워서 쓰는 아이, 소리를 듣고 자모음을 떠올리지 못하는 아이를 위해 이렇게 지도합니다.

선생님: /그/를 길~게 말해봐. 뒤에 어떤 소리가 들려?
아이: /그으---/, /으/가 들려요.
선생님: 맞아. /으/ 소리 나는 모음이 뭐지?
아이: 'ㅡ'예요.

이렇게 모음 쓰기 단계에서는 글자의 모음만 채워서 쓰는 연습을 합니다. 같은 방법으로 3단계 자음 쓰기는 /그/를 소리 내보고 첫소리를 찾아 자음을 채워 넣습니다. 소리를 찾아 글자를 완성할 수 있고 적절한 분량을 매일 반복 학습하여 맞춤법을 익히므로 마지막 7단계에서는 틀리는 글자가 거의 없을 정도로 완전 학습에 이릅니다.

4 점수를 매기지 않아요

각 급수의 마지막 7단계를 공부하는 날, 시험 분위기를 내려고 책상을 분리합니다. 채점을 할 때는 맞는 문제에 동그라미를 하고 틀린 글자가 있는 문제는 다시 기회를 줍니다. 두 번째 기회에 맞히면 다른 색의 색연필로 동그라미를 해주거나 체크 표시 위에 동그라미를 해줍니다. 절대 점수를 적어주지 않습니다. 내가 모르는 것이 무엇인지 알아내기 위해, 열심히 공부하기 위해서 받아쓰기하니까요.

04 줄넘기 지도

1학년은 줄넘기도 처음이기에 선생님의 세심한 준비가 필요합니다. 저는 '엽쌤의 줄넘기교실' 유튜브 영상을 참고하여 다음과 같이 지도했습니다.

1 줄넘기 준비하기

줄넘기는 고무(우레탄) 줄넘기로 준비합니다. 구슬 줄넘기(색깔 플라스틱이 달린 줄넘기)는 첫 시작은 수월할지 몰라도 무거워서 줄넘기를 오래 하기 힘듭니다. 그리고 줄의 길이를 아이의 키에 맞게 조절해 오도록 다음과 같이 가정에 안내했습니다.

> 양손에 줄넘기 손잡이를 잡은 후, 줄 가운데를 발로 밟아 손잡이를 끌어올립니다. 줄넘기 끝이 아이의 가슴에서 겨드랑이 사이에 오게 합니다. 남은 줄은 다음에 풀어서 사용할 수 있게 자르지 않습니다.

2 줄넘기의 시작

무엇부터 가르칠까요? 줄 돌리기? 뛰기? 아닙니다. 가장 먼저 가르칠 것은 '안전'입니다. 줄넘기를 '할 수 있는 곳'과 '해서는 안 되는 곳'이 어디인지 물어봅니다. 아이들이 잘 찾아냅니다. 줄넘기를 할 수 있는 곳은 '학교 내 강당, 운동장, 안전한 공터'입니다. 해서는 안 되는 곳은 '주차장, 길가, 사람이 많은 곳, 놀이터, 교실, 복도, 집 안'입니다.

줄넘기해서는 안 되는 경우를 더 알려줍니다. 강당이나 운동장이라 하더라도 줄 서서 이동할 때, 친구들과 가까이 있을 때는 절대 줄넘기를 하거나 줄을 휘둘러서는 안 된다고 강조합니다. 이렇게 일러두어도 친구 줄넘기에 맞아서 얼굴이 붓는 일이 생깁니다. 조심 또 조심해야 할 일입니다.

3 줄넘기 매는 법 익히기

줄넘기를 들고 이동할 때는 반드시 줄넘기를 몸에 매야 합니다. 1학년은 줄 서서 이동할 때 공수 자세를 해야 친구와 장난치거나 친구를 밀치지 않는 것처럼, 줄을 몸에 잘 매어야 줄을 휘두르지 않고 발에 걸려 넘어지지 않아요.

줄넘기를 반으로 접은 후 목에 겁니다. 그리고 줄넘기 손잡이를 고리에 통과시키면 몸에 사선으로 매어집니다. 줄을 잘 못 매는 아이들은 선생님이 매어줍니다. 일 년 동안 반복하면 대부분 학생이 줄넘기 매기도 잘하게 된답니다.

4 줄넘기의 기본자세 익히기

먼저 교실에서 줄넘기 없이 기본자세를 익힙니다. 발뒤꿈치를 살짝 들고 무릎을 구부려 가볍게 뜁니다. 선생님은 한 명씩 자세를 확인하고, 발바닥 전체로 쿵쿵 구르듯 뛰는 아이들의 자세를 교정해 줍니다.

줄 돌리기도 줄넘기 없이 해봅니다. 팔꿈치를 몸에 가볍게 붙여 팔이 옆으로 벌어지지 않도록 합니다. 그리고 팔이나 어깨가 아닌 손목을 돌리게 합니다. 이렇게 교실에서 기본자세를 연습한 후 강당으로 갑니다.

5 줄넘기 뛰기

친구들과 닿지 않도록 간격을 넉넉히 하여 자리를 정해줍니다. 줄넘기가 쉬울 거라 기대하지만 줄넘기가 그리 만만치 않습니다. 준비운동 후 각자 줄넘기할 시간을 주고 선생님은 학생들의 줄넘기 수준을 파악합니다.

그리고 줄넘기 지도를 차근차근 하나씩 해봅니다. 한 손에 줄넘기 손잡이 두 개를 잡고 줄 돌리기를 합니다. 이때 무릎을 타이밍에 맞게 구부려야 합니다. 마찬가지로 한 손에 줄넘기 손잡이 두 개를 잡은 채 줄을 돌리며 걷기, 뛰기의 순서로 연습합니다. 줄을 넘는 타이밍을 맞추기 위해서입니다. '엽쌤의 줄넘기교실' 유튜브 영상에서 엽쌤은 '줄이 앞으로 넘어와서 땅에 닿기 전에 점프해야 한다.'라고 합니다. 줄이 땅에 닿을 때 뛰면 늦습니다.

많은 학생이 1회선 1도약 후 다음 줄 돌리기를 하지 못하고 멈춰

버립니다. 연습 시간이 더해져야 연속 줄넘기가 가능해집니다. 한 번 뛰고 멈춰버리는 학생은 한 손에 손잡이를 다 잡고 여러 번 뛰는 연습을 하도록 지도합니다. 줄 돌리기와 점프가 협응을 이루어 자연스러워져야 합니다.

줄 돌리기가 안 되는 학생들은 처음에는 줄 없이, 다음엔 손잡이를 한 손에 다 잡고, 다음에는 손잡이를 양손으로 잡고 줄을 돌리는 연습을 단계적으로 합니다.

6 줄넘기 발표하기

줄넘기는 체력 소모가 큰 운동이라 한 시간 내내 할 수 없습니다. 연습 후, 발표 시간을 가져보세요. 모두 자리에 앉은 후 몇 명씩 앞으로 나오게 하여 오늘 연습한 것을 보여줍니다. 아직 양발 모아 뛰기를 못한다면 줄만 돌려도 되고요. 열심히 하는 모습을 선생님께서 칭찬해 주시면, 아이들도 서로의 작은 성취를 응원해 줍니다. 잘하는 아이들의 발표는 친구들에게 동기부여가 되었고 발표를 위해 더욱 열심히 연습하게 되었습니다.

7 실력 향상하기

줄넘기 실력을 한 단계 점프할 수 있는 계기가 있으면 아이들에게는 큰 재미가 더해집니다. '1분간 줄넘기를 하는 학생이 많은 반이 승리하는' 반별 대항 스포츠 리그를 준비하면서 줄넘기를 오래 할 수 있는 체력과 끈기가 길러졌습니다. 우리 반의 승리를 위해 나의 실력을 키우는 상승작용이 일어났습니다.

그리고 학급 학예회의 줄넘기 공연을 준비하며 구보 뛰기, 뒤로 구보 뛰기, 가위바위보, 엑스자, 이단 뛰기까지 해냈습니다. 선생님이 알려준 기본 동작, 친구가 보여주는 어려운 동작을 배웠고 기발한 동작도 만들어 냈습니다.

8 점심시간에 줄넘기하기

2학기 점심시간에는 줄넘기 연습을 할 수 있게 했습니다. 실내에서 시간을 보내던 아이들은 신이 나서 줄넘기를 들고 밖으로 나갔습니다.

선생님께서 한 번씩 아이들이 연습하는 모습을 보고 칭찬해 주시면 줄넘기 연습은 더욱 즐거워집니다. 얼마나 열심히 연습했는지 아이들은 땀을 뻘뻘 흘리면서 교실에 들어옵니다. 1학년에게 줄넘기는, 너무나 즐거운 놀이입니다.

짝 대화

1 모두가 주인공이 되는 방법, 짝 대화

모든 학생을 수업에 참여하게 하는 와일드카드는 짝 대화입니다. 짝 대화를 하면 모두가 주인공이 되고 모두가 생각하는 수업이 됩니다. 짝 대화를 하면 웬만해서는 구경꾼이 되는 학생이 없습니다. '너 다음은 나!' 짝과 번갈아 대화하고 활동해야 하니까요.

1학년 수업에서도 짝 대화를 시도해 보세요. 단, 1학년은 매번 짝 대화 전에 시범을 보여주어야 합니다. 1학년은 간단한 활동이라도 설명을 놓치거나 이해를 못 하는 일이 자주 있거든요. 그리고 짝이 맞지 않거나 느린 학습자가 있으면 세 명의 짝을 지어 주세요. 선생님은 순회 지도하며 학생들의 활동을 관찰하며 필요한 도움을 줍니다.

2 짝 대화, 수업에 활용하기

1. 텍스트 읽기 – 교과서 글을 짝과 한 문장씩 번갈아 읽습니다.

2. 서로 피드백하기 – 짝이 활동을 잘했는지 확인하고 틀렸을 때는 도와줍니다.

3. 동료 평가하기 – 짝의 활동에서 칭찬할 점을 찾아 말합니다.

4. 짝 발표하기 – 발표 희망자가 많을 때 짝과 이야기합니다.

5. 발표 연습하기 – 전체 발표를 앞두고 짝과 발표 연습을 합니다. 노력할 점을 알려주고 잘하는 점은 칭찬합니다.

6. 서로 설명하기 – 문제를 어떻게 해결했는지 짝에게 설명합니다.

7. 수업 소감 말하기 – 오늘 공부한 내용 중 기억 남는 것을 짝과 번갈아 말합니다.

3 짝 대화 5단계 연습하기

1) 1단계 : 짝과 눈 마주치기

아이들이 키득키득 웃습니다. 서로 눈을 마주쳤나 봅니다.

2) 2단계 : 청개구리 경청 놀이하기

▶ 질문: 좋아하는 음식은 무엇인가요?

1. 질문의 답을 짝과 번갈아 말합니다.

2. 듣는 사람은 일부러 반대쪽을 보며 노래를 흥얼거립니다.

3. 말하는 사람은 어떤 기분이 들었는지 발표합니다.

많이 알려진 경청 놀이입니다. 경청의 뜻이 왜곡될까 봐 '청개구리 경청 놀이'라고 이름 붙였습니다. 먼저 두 학생의 시범을 본 후 짝과 놀이합니다. 서로 번갈아 해본 후 기분이 어땠는지 발표합니다. "화가 났어요.", "슬펐어요.", "짜증이 났어요."라고 기분을 말합니다.

3) 3단계 : 제대로 경청 놀이

► 질문: 좋아하는 색은 무엇인가요?

1. 질문의 답을 짝과 번갈아 말합니다.
2. 듣는 사람은 말하는 사람을 바라보고 고개를 끄덕이며 듣습니다.
3. 짝의 답변을 기억하여 발표합니다.
4. 서로 번갈아 해본 후 기분이 어땠는지 발표합니다.

이번에는 '제대로 경청 놀이'를 합니다. 번갈아 말하되 듣는 사람이 말하는 사람과 눈을 맞추고 고개를 끄덕이며 듣습니다. 그리고 짝의 답변을 기억하여 전체 발표합니다. 이 놀이 또한 친구의 시범을 본 후 짝과 해봅니다. "제 짝은 분홍색을 좋아합니다." 짝의 답변을 기억하는 것도 놀이처럼 즐거워합니다. 청개구리 경청 놀이와 달리 "친구가 잘 들어줘서 고마웠어요.", "짝의 말을 제가 발표해서 재미있었어요."라고 소감을 말하며 경청의 중요성도 배우는 아이들입니다.

4) 4단계 : 짝 대화 연습하기

► 질문: 어떤 놀이를 좋아하나요?

1. 질문하기: 너는 어떤 놀이를 좋아해?
2. 이유 묻기: 왜 그 놀이를 좋아해?
3. 반응하기: 그렇구나. 말해줘서 고마워.
4. 추가 질문하기: 그 놀이를 언제 해봤어?

이제 진정한 짝 대화가 시작됩니다. 칠판에 '질문' 문장을 적어두고 선생님을 따라 연습합니다. 서로 질문한 후 이유도 묻고 반응하는 말도 합니다. 추가 질문을 해도 좋다고 알려줍니다. "제 짝은 포켓몬 고 놀이

를 좋아합니다. 포켓몬을 찾는 게 재미있기 때문입니다." 이렇게 짝의
답변을 잘 들은 후 전체 발표합니다.

5) 5단계 : 짝 대화 "네 생각은 어때?"

4단계까지는 짝 대화 연습이었습니다. 이제 수업 중에 제 생각을
말하는 단계에서 짝 대화하게 합니다. 선생님께서 질문을 제시한 후
"짝 대화하겠습니다. 네 생각은 어때?" 하고 짝 대화를 시작하는 말을
띄워주시면 아이들은 "네 생각은 어때?" 하면서 자연스럽게 짝 대화를
시작합니다.

짝 대화는 모든 학생이 발표하게 합니다. 짝 대화하며 생각이 잘
정리되어 발표 자신감도 갖게 됩니다. 그리고 짝 두 명 중 한 명만 발표
하면 되니 전체의 의견 공유도 쉬워집니다.

1학년 학급 놀이

학급 놀이를 검색하면 수많은 놀이를 찾을 수 있습니다. 그런데도 1학년 선생님은 '이건 1학년에게 어려울 것 같아, 이건 1학년들이 싸울 것 같아.' 고민이 많습니다.

1학년 아이들과 해보고 성공한 놀이, 1학년도 쉽게 익히고 즐겁게 참여하는 학급 놀이를 소개해 드립니다.

1 원 대형 쉽게 만들기

대부분의 학급 놀이는 원 대형에서 시작하지요. 그런데 1학년은 책상을 옮기고, 의자로 원 대형을 만드는 일이 쉽지 않아서 선생님들께서 큰마음을 먹어야 학급 놀이를 할 수 있어요. 조금은 수월하게 원 대형을 만드는 방법을 알려드려요.

1. 의자에 이름 스티커를 붙이거나, 외투를 걸어서 놀이를 마친 후 제 의자를 쉽게 찾을 수 있도록 합니다.

2. 학생들이 동시에 책상과 의자를 옮기지 않고 한 줄씩 또는 한 분
    단씩 선생님의 도움을 받아 대형을 만듭니다.
3. 의자를 가운데에 두고 책상은 교실 벽 쪽으로 옮깁니다. 사물함을
    열거나 이동할 수 있을 만큼의 공간을 비우고 책상을 옮깁니다.
4. 의자로 동그란 대형을 만듭니다. 아이들은 의자 뒤에 서 있다가
    선생님이 원 대형을 완성하고 나면 의자에 앉습니다.

2 │ 과일 바구니

가장 먼저 해도 좋을 만큼 쉬우면서 재미있는 놀이입니다.

1. 과일 3~4가지를 골라 학생 한 명씩 과일을 정해줍니다. 앉은
    자리 순서대로 A 학생 딸기, B 학생 바나나, C 학생 사과, D
    학생 딸기, E 학생 바나나…. **아이 한 명씩 눈을 맞추며 정확하
    게 알려줍니다.** 느린 학습자의 과일 이름은 선생님께서 외워두
    세요.
2. 술래를 한 명 정합니다(돌아가며 맡는 '오늘의 반장' 학생을 지목하면
    공평합니다). 술래는 원 대형의 가운데에 섭니다.
3. 의자에 앉은 학생들이 다 함께 술래에게 묻습니다. "너는 어떤
    과일을 좋아해?"
4. 술래는 큰 목소리로 오늘 정한 과일 중 한 가지를 말하거나 '과
    일 바구니'라고 외칠 수 있습니다.
5. 술래가 과일 이름을 말하면 그 과일에 해당하는 학생들은 자리
    에서 일어나 다른 자리로, 술래가 '과일 바구니'라고 외치면 교

실의 모든 학생이 다른 자리로 이동해야 합니다. 단, 술래가 '과
일 바구니'를 외쳤을 때 양 옆자리로 옮길 수는 없습니다.

6. 술래도 빈자리에 앉습니다. 이때 자리에 앉지 못한 학생이 다음
술래가 되고 이전 술래가 자리에 앉지 못하면 또 술래가 됩니다.

7. 술래가 되어도 벌칙은 주지 않습니다. 1학년 아이들이 원하는
것은 나도 한번은 술래가 되어 보는 일입니다.

3 손님 모셔 오기

1. 원 대형으로 앉은 후 빈 의자를 하나 더 놓습니다.

2. 빈 의자 양쪽의 학생 두 명이 손을 잡고 일어나 한 명의 친구
(손님)를 데리고 옵니다. 손님을 모셔 올 때, 공손한 자세로 초
대하는 시늉을 합니다.

3. 두 명의 친구는 손님의 손을 잡고 원래 자리로 돌아와 앉습니다.

4. 다시 생긴 빈 의자 양쪽의 학생이 일어나서 손님 모시고 오기를
반복합니다.

5. 고학년은 맞추어 둔 타이머(1분 30초) 벨이 울릴 때 서 있는 친
구에게 벌칙을 주지만 1학년은 손님을 모시고 오는 놀이만으로
즐거워하니 벌칙 없이 놀이하기를 추천합니다. 대신에 1학년은
한 번씩 손님이 꼭 되어 보기를 원하므로 놀이 후반부에는 손님
이 안 되어 본 친구를 데리고 오도록 선생님께서 도와주세요.

4 '나도 나만' 공감 놀이

방학 동안 내가 했던 일을 소개하고 친구들의 방학 이야기도 들을 수 있는 놀이로, 개학 날 하면 좋습니다. 원 대형을 만들어도 좋고, 원 대형을 만들지 않아도 놀이할 수 있습니다.

1. 한 명씩 일어나 방학 동안 한 일 중 한 가지를 말합니다. "나는 여름방학에 물놀이를 했어."라고 한 학생이 말하면, 같은 일을 한 학생은 "나도!"라고 말하면서 일어섭니다.

2. "나도!"라고 말하며 일어서는 친구가 없으면 발표자는 "나만!" 이라고 말하며 자리에 앉습니다.

3. 1학년은 점수나 벌칙 없이 놀이해 보세요. 돌아가며 발표하고, 친구의 방학 이야기를 듣고, '나도, 나만' 외치는 놀이 자체를 재미있어한답니다.

5 조개와 진주

1. 강당이나 책상과 의자를 치운 교실에서 할 수 있는 놀이입니다. 술래를 한 명 정하고 나머지는 세 명씩 한 팀이 되어 섭니다. 세 명 중 두 명은 조개가 되어, 마주 보고 양손을 높게 잡아 집 모양을 만듭니다. 나머지 한 명은 진주가 되어 조개 친구들 사이에 들어가 섭니다.

2. 술래는 '진주, 조개, 불가사리' 중 하나를 외칠 수 있습니다.

3. 술래가 '진주'를 외치면 진주끼리 자리를 바꾸고, 술래가 '조개'를 외치면 다른 팀 조개들끼리 자리를 바꿔야 합니다. 술래가 '불가사리'를 외치면 진주와 조개 모두 다른 팀과 자리를 바꿔야 합니다.
4. 술래도 진주가 되어 짝을 이루어야 합니다. 이때 짝을 짓지 못한 한 명은 새로운 술래가 되어 놀이를 반복합니다.

6 경찰과 악당

이종대왕 선생님의 유튜브 영상에서 배운 놀이입니다.
1. 학급의 절반 학생들에게 경찰 카드를, 나머지 절반 학생들에게 악당 카드를 줍니다. 학생 수가 홀수이면 경찰 또는 악당이 한 명 많아도 괜찮습니다. 모두 책상에 엎드리게 한 후 카드를 배부하고 학생들은 카드를 확인한 후, 바지 호주머니에 넣어 둡니다.
2. 타이머를 1분 30초로 맞춥니다. 선생님의 시작 신호에 학생들은 친구를 만나 가위바위보를 합니다.
3. 가위바위보에 진 학생은 오리걸음을 하고, 이긴 학생은 서서 놀이를 진행합니다.
4. 오리걸음 하는 학생끼리, 서 있는 학생끼리 또 가위바위보를 합니다.
5. 오리걸음 하는 학생끼리 가위바위보를 해서 이기면 다시 설 수 있고, 서 있는 학생끼리 가위바위보를 해서 지면 오리걸음을 해야 합니다.

6. 4, 5번을 반복하여 놀이하다가 타이머가 울리면 동작을 멈추게
   하고, 서 있는 학생 중 경찰과 악당 수를 셉니다. 경찰 또는 악
   당 중 인원이 많은 팀이 이깁니다.

7 팡팡 기차

가위바위보를 하여 진 사람이 이긴 사람 뒤에 서서 점점 긴 기차
를 만들어 가는 놀이이며, 팡 터지는 규칙이 더해져 웃음도 재미도 가
득해지는 놀이입니다. '이종대왕' 유튜브에서 놀이를 배울 수 있습니다.

1. 친구들과 만나 가위바위보를 합니다. 이때 일부러 친구를 피하
   지 않도록 지도합니다. 짝을 만나지 못하는 학생이 있으면 선생
   님께서 짝을 지어 주세요.

2. 진 사람이 이긴 사람 뒤에 서서 기차를 만듭니다. 친구 몸을 잡
   지 않고 가까이 따라가도록 합니다.

3. 기차가 된 팀은 다른 기차 팀과 가위바위보를 하고, 진 팀이 이
   긴 팀 뒤에 서서 기차 만들기를 반복합니다.

4. 가위바위보에서 비기면 아이들은 '팡'하고 외친 후 처음처럼 다
   시 혼자가 됩니다. 기차 길이가 길어도 짧아도, 비기면 '팡'하고
   터집니다.

5. '천천히 걷기, 앞 잘 보고 걷기, 일부러 가위바위보 하지 않고
   기다렸다가 긴 기차와 가위바위보 하지 않기'를 지도해 주세요.

8 솥뚜껑 바가지

멍멍샘 정호중 선생님의 유튜브 영상을 보고 놀이 방법을 익힐 수 있습니다.

1. 짝과 마주 보고 앉아 친구 주먹 위에 내 주먹, 친구 주먹, 내 주먹을 번갈아 올려 주먹 탑을 쌓습니다. 주먹을 쌓을 때 엄지손가락을 펴서 탑이 연결되게 합니다.

2. 선생님이 '위'라고 말하면 맨 아래에 있는 주먹만 맨 위로 올려 쌓고, 선생님이 '아래'라고 말하면 맨 위에 있는 주먹만 맨 아래로 옮깁니다. 선생님께서 위, 아래를 반복하여 말합니다. '위, 아래'는 둘 중 한 명만 주먹을 옮기면 되므로 여유 있게 놀이합니다.

3. 선생님이 '위, 아래'를 말하다가 갑자기 '솥뚜껑'이라고 말합니다. 아래에 있는 나와 짝의 두 손 중에서 먼저 손바닥으로 맨 위쪽을 솥뚜껑처럼 덮는 사람이 승리합니다. 그리고 선생님이 '바가지'라고 말하면 위에 있는 나와 짝의 두 손 중에서 맨 아래 주먹을 바가지처럼 먼저 받히면 승리합니다.

4. 선생님께서 '위, 아래, 솥뚜껑, 바가지'를 긴장감 있게 불러주세요.

9 고양이 쥐

이 놀이도 고전 레크레이션 중 하나입니다. '우당탕교실' 유튜브 영상에서 놀이 방법을 익힐 수 있습니다.

1. 짝과 가위바위보를 해서 이긴 사람이 고양이, 쥐 중에 하고 싶은 것을 먼저 선택하고 진 사람은 남은 역할을 합니다.
2. 짝과 서로 등을 마주 댑니다.
3. 선생님이 '하나 둘 셋!' 외치면, 짝과 등을 마주 댄 상태에서 오른쪽과 왼쪽 중 한 방향을 선택해 옆을 봅니다. 이때 고양이는 '야옹!', 쥐는 '찍!'이라고 말하며 옆을 봅니다.
4. 고양이는 쥐와 같은 방향을 바라보아야 승리, 쥐는 고양이와 다른 방향을 바라보아야 승리합니다.

1학년 특별해지기

입학 100일 잔치

요즘 학급 행사로 100일 축하 잔치를 많이 합니다. 유행이라서 한다기보다 1학년에게 100일은 실로 기념할 만한 날입니다. 입학 100일이 되면 우리 1학년도 꽤 초등학생다워지기 때문입니다.

1 100일 성장 이야기

아이들과 함께 100일을 돌아봅니다. "100일 동안 나는 어떤 점에서 성장했나요?" 이야기를 나누었습니다.

"유치원 때는 친구들 말을 경청하지 않았는데 지금은 경청하게 되었어요."

"참는 힘이 생겼어요."

"친절하게 말하게 되었어요."

평소 선생님이 강조했던 미덕을 실천하고, 발표하는 아이들입니다.

"씩씩해졌어요. 똑똑해졌어요. 용기가 생겼어요."

마치 여기가 마법 학교인 것 같습니다.

"공부를 잘하게 되었어요."라고 한 명이 말하니 "운동을 잘하게 되었어요. 글자를 잘 쓰게 되었어요. 그네를 잘 타게 되었어요. 줄넘기를 잘하게 되었어요." 선생님이 멈추지 않으면 끝이 없을 정도입니다. 이렇게 이야기를 나눈 후 성장한 것 중 한 가지를 골라 쓰고 꾸미기 활동을 합니다. 저는 1학년 밴드에서 자료를 받아 왕관 꾸미기를 했습니다.

② 입학 100일 잔치

학급 운영비로 100일 떡, LED 초, 간식 선물 등의 물품을 준비합니다. 100일 떡으로 케이크를 만들고, 반짝반짝 빛을 내는 LED 숫자 초를 케이크에 꽂았습니다. 칠판에는 예쁜 현수막과 가랜드를 붙이고요. 아이들은 100일 왕관을 머리에 쓰고 젤리 목걸이를 목에 걸어 화려하게 치장했습니다.

5, 4, 3, 2, 1! 함께 촛불을 불면 축하 노래가 교실을 가득 채웁니다. 아이들이 좋아하는 노래를 함께 부르고 신나는 댄스 타임도 가집니다. 흥이 많은 1학년은 춤을 추고, 앞니 빠진 이를 드러내며 함박웃음 지으며 즐거워합니다.

그리고 100일 잔치 마지막에는 선생님이 먼저 진지하게 소감을 말합니다.

"벌써 너희가 입학한 지 100일이 되었구나. 100일 동안 초등학교에 적응하느라 수고 많았어. 수업 시간에 자리에 앉아있는 것, 화장실 가고 싶어도 참는 것, 손들고 말해야 하는 것, 모두 쉬운 일이 아니지. 그런데 우리 친구들이 정말 열심히 했어. 선생님은 너희가 노력한 걸 알기 때문에 많이 축하해 주고 싶었어. 고생했어!"

아이들도 돌아가며 100일 잔치 소감을 나눕니다.

"우리 반 최고, 우리 선생님 사랑해요, 우리 학교 좋아요!"

3 학교생활을 전할 수 있는 계기

100일 잔치 사진과 함께 아이의 학교생활 이야기를 담아 학부모님께 문자를 보냈습니다. 3월 말 상담을 하며 아이의 학교생활에 대해 학부모님이 걱정했던 것 또는 부탁하셨던 것 등이 있었을 거예요. 요즘 아이가 어떠한지, 성장한 점을 중심으로 문자를 보냅니다. 100일이면 학기 초에 걱정했던 부분이 많이 나아지고 있는 시기이기도 해서 딱 좋았습니다.

현장 체험학습

　학교생활에 어느 정도 적응한 4, 5월쯤에 첫 현장 체험학습을 갑니다. 한 달에도 여러 번 가는 유치원과 달리 한 학기에 한 번 가는 현장 체험학습이기에 1학년들은 이날을 손꼽아 기다리지요. 반면에 담임 선생님들께서는 많이 긴장하십니다. '교실에서도 데리고 있기 힘든 아이들을 어떻게 밖에 데리고 가지?' 하고 말이죠. 걱정을 덜어드릴 수 있도록 제가 준비했던 현장 체험학습에 대해 알려드릴게요.

1 │ 학부모 안내장 보내기

<1학기 현장 체험학습 안내>

* 일시: 5월 4일 목요일

* 장소: 항공우주박물관

* 등교: 8시 40분까지(버스 출발: 9시 정각)

* 도착 예정: 1시 50분
* 복장: 체육복(하의 긴 바지, 상의는 짧은 팔에 얇은 점퍼를 입으면 좋음), 운동화 신기, 선크림을 바르거나 모자 쓰기(모자는 분실 위험이 있어서 선크림이 좋음)
* 준비물: 점심 도시락, 물(얼리지 않기), 1인용 돗자리(너무 크거나 무겁지 않은 것, 스스로 펴고 접는 법 연습하기), 쓰레기 담을 봉지, 멀미약(필요한 사람), 작은 물티슈, 간식(과자류는 반찬 통에 먹을 만큼만 담아서 가져오며 봉지째 가져오지 않음, 껌이나 초콜릿 등은 가져오지 않음, 음료수는 플라스틱병이 좋으며 캔은 안 됨), 우천 시 우산 준비
* 귀중품(현금) 가져오지 않기
* 안전 지도: 화장실에 갈 때 꼭 선생님 허락을 받고 가기, 친구와 사이좋게 지내기, 줄 서기, 질서 지키기, 부모님 핸드폰 번호를 외우는지 한 번 더 부모님께 확인받기

2 일정 쪽지

"언제 출발해요? 언제 도착해요? 언제 밥 먹어요? 언제 집에 가요?"

아이들은 묻고 또 묻고, 돌아가며 묻지요. 사실 고학년도 마찬가지입니다. 답해주는 AI 로봇이 있었으면 할 정도입니다. 저는 고학년 지도했던 것과 같이 1학년에게도 일정표를 만들어 주었습니다. 1학년은 시간의 흐름이 보이는 가로 모양의 표로 만들어 주었습니다. 체험학습 전날 설명해 주고 당일에 일정 쪽지를 배부하여 호주머니에 넣게 했어요. 꼬깃꼬깃 숨겨 놓은 용돈이 얼마 남았는지 확인하듯, 쪽지를 꺼내어

보는 아이들 모습이 참 귀여웠습니다.

9시 - 버스 출발	9시 30분 - 도착	- 이동 - 화장실 - 간식	10시 20분 - 박물관 관람 - 단체 사진	11시 - 점심 식사 - 정리	11시 30분 - 잔디밭 놀이	12시 30분 - 비행기 관람	1시 - 갈 준비

3 사전 지도

현장 체험학습 사전 지도에서 가장 중요한 것은 첫째도, 둘째도 안전입니다. 일정표를 보면서 시간 순서대로 안전을 위해 지켜야 할 일을 이야기합니다.

교통안전교육부터 시작합니다. "버스에 타면 무엇부터 해야 하지? 버스가 멈추면 일어서도 될까? 버스 기사님이 안전 운전하실 수 있게 우리는 어떻게 해야 할까?"

기특하게도 아이들은 다 알고 있어요. 아이들의 답변 중 중요한 내용을 판서합니다.

안전 지도 외에도 강조할 내용이 있습니다. 버스 안에서는 음식물을 먹지 않고 정말 목이 마를 경우에는 물만 조금 마십니다. 화장실은 꼭 허락받고 친구와 함께 갑니다. 점심 식사 후에는 도시락과 자리를 정리한 후 쉽니다. 선생님이 보이는 곳에 있어야 하고 박물관 관람 예절을 잘 지켜야 합니다.

4 즐겁기도 하지만, 힘들기도 한 날

현장 체험학습이 마냥 즐거울 거라 기대하는 것은, 여행에 즐거운 일만 있을 거라 기대하는 것과 같아요. 아이들에게도 미리 '힘든 일이 있을 거'라고 알려줍니다.

"체험학습을 가면 즐겁기도 하지만 힘든 일도 있어. 무거운 가방을 메고 걸어서 다리가 아플 거야. 정해진 시간에 밥을 먹을 거라 배가 고플 수도 있어. 먼저 보고 싶어도 기다렸다가 차례차례 보아야 해."

예상하지 못한 일이 닥치면 쉽게 불평하지만, 먼저 예상했다면 받아들이기 훨씬 수월해진답니다.

5 밖에서 공부하는 날이야

현장 체험학습은 놀러 가는 것이 아니라 밖에서 공부하는 날이라고 설명해 주세요. 학교 밖에서도 질서를 지키는 공부, 선생님 말씀에 귀 기울이는 공부, 예절을 지키며 박물관을 관람하는 공부, 친구들과 사이좋게 지내는 공부, 걸으며 체력을 키우는 공부 등입니다.

놀러 간다고 생각하면 학교 안에서 지켰던 행동의 울타리를 벗어나려는 마음이 생길 수 있습니다. 실제로 현장 체험학습은 교과 및 진로·봉사활동 등 학습 내용이 있다는 것도 알려주세요.

6 친구에게 예쁘게 말하기

현장 체험학습에서 가장 우려하는 일이 아이가 다치는 일이라면 두 번째는 아이들이 다투는 일이죠. 체험학습지에서도 아이들의 다툼 중재라니, 정말 상상하기도 싫습니다. 더욱이 외부인도 지켜보는 오픈된 공간이기 때문에 이것저것 신경이 쓰입니다.

친구와의 다툼은 대부분 미운 말에서 시작하죠. 그래서 이렇게 말해줍니다.

"체험학습 가서 친구와 다투면 어떨까? 맞아, 정말 속상한 날이 될 거야. 오늘을 가장 행복한 날로 만들기 위해 우리, 예쁜 말, 친절한 말을 하자. 오늘의 미덕은 바로 친절이야."

7 간식 시간을 먼저 갖기, 가방은 한곳에 모아 두기

설레고 부푼 마음으로 체험학습을 왔지만, 막상 아이들은 불평이 많습니다. 특히 배고프다는 아이들이 많을 거예요. 아이들은 제 가방에 들어있는 간식이 먹고 싶고, 나름 긴 시간의 이동에 지치기도 했거든요.

미리 간식 시간을 가져봅시다. 도착하자마자 달콤한 간식 시간을 가지면 배고프다는 말이 쏙 들어갑니다. 그리고 가방을 메고 박물관을 관람하거나 활동하지 않도록 가방을 한곳에 모아 두세요. 가뿐하게 이동하고 활동할 수 있어요.

03

학부모 공개수업

아이가 초등학교에 입학한 지 얼마 되지 않았더라도, 부모님들은 자녀에게 내심 기대합니다. 우리 아이가 바른 자세로 선생님 말씀을 잘 듣고, 손들고 발표하기를요. 공개수업에서 보여준 자녀의 모습에 부모님들은 크게 기뻐하거나 반대로 크게 실망합니다.

1 아이가 바르게 앉아 발표하는 수업

물론 학부모의 기대를 충족하는 것이 공개수업의 목표는 아닙니다. 하지만 학생들이 바른 자세로 앉고 발표에 적극적으로 참여할 때 좋은 수업에 이르게 되므로 위의 두 가지 기준을 만족할 수 있는 장치를 마련합니다.

1) 바른 자세로 앉기

공개수업 전에 '바르게 앉기'를 여러 번 지도해도 아이들은 수업 초반에나 바르게 앉을 뿐 수업 중반이 되면 자세가 흐트러집니다. 부모님이 오셔서 긴장된다던 아이들이지만, 고정 CCTV처럼 자녀만 바라보는 부모님의 카메라를 아이들은 의식하지 못합니다. 설상가상으로 아이가 필통 안에 있던 지우개를 꺼내어 만지작거리기 시작하면 부모님은 화가 나지요.

또한 공개수업 날에는 평소와 달리 아이들 수업 태도가 선생님 한눈에 담기지 않습니다. 눈에 들어온다고 해도 학부모님 앞에서 주의를 주기도 망설여지죠. 그래서 아이가 바른 자세로 집중할 수 있게 하는 장치가 필요합니다. 첫째, 책상 위에 교과서 이외의 다른 물건이 없게 합니다. 연필과 지우개도 서랍 안에 두었다가 필요할 때 꺼내게 합니다. 둘째, 집중할 수 있는 여러 활동을 수업에 포함합니다. 소리 내어 읽기, 짧은 노래 부르기, 놀이 활동하기, 퀴즈 풀기, 함께 답하기 등입니다.

2) 발표하기

부모님들은 자녀가 바르게 앉아 있더라도 발표하지 않으면 아쉬워합니다. 어떤 공개수업을 할지 고민되신다면 학생들의 참여(발표)에 초점을 맞춰보세요. 학생들이 돌아가며 발표할 수 있는 수업, 자신이 만든 작품 소개하기, 앞에 나와서 미션 해결하기, 수업 놀이 등입니다. 모둠 활동, 짝 인터뷰 등 아직 익숙하지 않은 수업 방법을 시도하기보다는 선생님이 이끌어가면서 학생들이 돌아가며 발표할 수 있는 수업을 추천합니다.

2 교실 정리하기

수업에 집중하기 좋은 환경을 마련한다고 생각해 보세요. 공개수업
을 기회로 삼아 교실을 정리 정돈해봅시다.

- 집중력을 떨어뜨리는 칠판 부착물이 있나요?
- 사물함 위에 필요 없는 물건들이 있나요?
- 교실에 시들거나 죽은 화분이 있나요?
- 아이들 책상 서랍과 사물함이 정리되어 있나요?
- 아이들 가방 지퍼가 닫혀있나요?
- 아이들 외투가 잘 정리되어 있나요?

칠판을 깨끗하게 닦고 쓰레기통을 비우고 필요 없는 물건을 치워
보세요. 깔끔하게 정리된 교실에서 아이들은 더 높은 집중력을 발휘할
수 있습니다.

3 공개수업 안내하기

1. 일시: 4. 11.(화) 2교시 9:50~10:30
   * 수업 시작 5분 전에 오시면 좋습니다. 부모님이 늦게 오시면 아이들은
     불안하여 울기도 합니다.

2. 장소: 본관 2층 우리 반 교실

3. 참고 사항

1) 수업 시작 전에는 아이들과 눈인사만 합니다.

2) 수업 중 사진 촬영을 삼가 주세요. 수업 마치고 아이들과 사진 찍을 시간을 드리겠습니다.

3) 공개수업에 아이들도 많이 긴장한답니다. 당일 수업 한 번의 모습으로 자녀를 판단하지 마시고 담임교사와의 상담, 자녀의 이야기와 더불어 하나의 자료로 참고해 주세요. 우리 아이의 학교생활, 아이의 성장에 함께하는 기쁜 시간이 되기를 바랍니다.

4 공개수업을 마치고 학부모님께 보낸 문자

오늘 공개수업을 참관해 주셔서 감사합니다. 참관록을 보니 자녀의 모습에 속상하신 분도 계신 것 같습니다. 저도 학부모로서 아이의 공개수업을 보았을 때 우리 아이의 부족한 부분이 크게 보여서 아쉬웠습니다. 아이가 손을 한 번도 안 드는 거예요. 집에서 똑똑이가, 밖에서 보니 헛똑똑인가 싶었어요. 선생님께서 말씀해 주실 때는 발표를 곧잘 한다고 했는데 말이에요.

그런데 학부모님, 우리도 1학년 때 바른 자세로 앉아 수업을 듣고, 손을 척척 들어 발표했을까요?

아이들도 공개수업 날 많이 긴장한답니다. 대부분 학생이 "CCTV로 우리를 보는 것 같았어요. 부끄러웠어요. 긴장됐어요."라고 소감을 말했습니다. 긴장감을 이기고 발표하는 친구도 있지만, 평소의 실력을 발휘하지 못하는 친구도 있습니다. 이런 학생들은 평소에 선생님께 들었던 칭찬을 해주세요.

자리에 바르게 못 앉아있는 아이도 많지요? 유난히 우리 아이가 더욱 눈에 띄었을 거예요. 이제 입학한 지 한 달, 1학년은 지금 수업 시간에 앉아있는 연습을 하고 있어요. 시간이 지나면 바른 자세로 앉는 것도 점점 나아진답니다.

한 학부모님의 참관 소감이 눈에 띄어 전해드립니다.

"아직 바른 자세로 앉아 수업하기는 힘들지만, 선생님 말씀에 귀 기울여 듣는 모습이 예뻐 보이고 더 성장한 모습이라 기분 좋게 수업 잘 듣고 돌아갑니다."

학부모님, 오늘 보았던 모습 중 좋았던 것 한 가지는 꼭 칭찬해 주세요.

"선생님 말씀을 귀담아듣는 모습이 참 멋졌어. 그리고 있잖아, 바르게 앉아야 더 선생님 말씀을 잘 들을 수 있으니까 노력하자!"

이렇게 좋은 점과 노력할 점을 함께 알려주시면 아이들이 더 예쁘게 자랄 거예요.

5 학부모 공개수업, 이렇게 했어요!

수학과 2단원 여러 가지 모양

배움 주제: 생활 주변에서 여러 가지 모양을 찾아 말하기

<도입>

퀴즈 맞히기 - 이것은 무엇일까요?(물건의 일부분을 보고 맞히기)

<전개>

배움 1) 같은 모양끼리 모으기

- 우리 주변의 다양한 물건을 세 가지 모양으로 분류하기

- 한 명씩 칠판 앞에 나와 물건을 고르고 같은 모양끼리 모으기

배움 2) 모양 이름 짓기

- 각 모양의 이름을 무엇으로 지으면 좋을지 생각하고, 이름 발표하기

배움 3) 모양을 찾아 말하기

- 화면에 보이는 물건이 어떤 모양인지 우리가 정한 이름으로 말하기

배움 정리) 교실에서 모양 찾기

04

스포츠 리그

요즘은 체육행사로 학년별 '스포츠 리그' 또는 '스포츠 데이'를 진행하는데 1학년은 적합한 종목을 찾기가 쉽지 않지요. 1학년들과 실제 진행한 스포츠 종목과 내용을 알려드립니다.

1 1학기 '플로어 컬링'

1학기에는 특별한 기능을 익히거나 반복적인 연습 없이도 쉽게, 그리고 즐겁게 참여할 수 있는 '플로어 컬링'을 추천합니다. 한 시간의 경기 설명과 간단한 투구 연습만으로 경기를 진행할 수 있었습니다.

플로어 컬링 준비물은 온라인으로 구매할 수 있으며 유튜브에서 경기 방법 영상을 찾을 수 있습니다. 1학년 수준에 맞게 변경한 플로어 컬링 규칙은 다음과 같습니다.

경기장 규격

너비 약 1.5m, 길이 약 7m

경기 규칙

1. 각 반에 4명씩 N개의 팀(학생 수에 따라 A, B, C, D, E…)을 구성합니다.

2. 1반의 A팀과 2반의 A팀이 1엔드 경기를 합니다. B팀이 2엔드, C팀이 3엔드… 경기를 하며 두 반이 선공, 후공을 번갈아 합니다.

3. 준비 운동을 한 후 경기장을 가운데 두고 두 반이 마주 보고 앉습니다.

4. 각 반 A팀 학생들이 한 명당 두 개의 스톤을 가져와 제자리에 앉아 대기합니다.

5. 1반의 A팀 1번 학생이 나와서 투구합니다. 호루라기 신호를 들으면 토스 라인(시작라인)에서 스톤을 굴린 후 투구합니다. 한 명이 두 번 투구합니다.

6. 1반 1번 → 2반 1번 → 1반 2번 → 2반 2번… 순으로 번갈아 투구합니다.

7. 파울 규칙: 투구한 스톤이 토스 라인에서 3m 라인을 넘어가지 못했을 때, 타깃 표적지(하우스)를 벗어날 때는 파울이고, 파울된 스톤은 아웃됩니다.

8. A팀이 모두 투구를 마치면 점수를 계산합니다. 원래 컬링에서는 하우스 중앙에 가까운 스톤의 수를 점수로 계산하지만, 1학년은 하우스에 남은 스톤이 놓인 구역에 따라 점수를 주어 계산하는 것이 아이들이 이해하기에 좋았습니다. 스톤이 라인에 걸쳤을 때는 높은 구역의 점수를 줍니다.

9. 심판 선생님께서 점수 계산을 마치면 B팀이 스톤을 두 개씩 가져와 대기합니다.

10. A~E팀의 경기 중 승리를 많이 한 반이 이깁니다.

2 2학기 '줄넘기'

2학기 스포츠 리그를 '줄넘기'로 해보세요. 줄넘기 요령을 익힌 아이들은 스포츠 리그를 준비하며 오래 뛸 수 있는 효과적인 방법을 찾게 됩니다. 높이 점프하지 않고 뒤꿈치를 들어 가볍게 뛰어야 오래 점프할 수 있다는 것을 체득하지요. 가슴을 내민다거나 발바닥 전체로 뛰는 학생, 팔을 너무 넓게 벌리는 학생은 오래 뛸 수 있는 바른 자세로 교정해 주세요.

경기 규칙

1. 두 학급의 학생 모두 참여합니다. 넓은 간격을 두어 섭니다.
   (학생들이 경기 중 앞으로 당겨와 친구들과의 간격이 좁아지므로 강당의 너비가 긴 쪽을 바라보며 서게 합니다.)
2. 준비 운동을 하고 줄넘기 연습 시간을 갖습니다. 본 경기 전에는 잠시 쉬게 합니다.
3. 선생님의 시작 신호에 따라 양발 모아 뛰기를 시작합니다.
4. 줄에 걸린 학생은 제자리에 앉습니다.
5. 1분까지 줄에 걸리지 않은 학생 수를 세어 더 많은 학생이 남아 있는 학급이 이깁니다.
   (시간은 학생 수준에 따라 정하기)
6. 3회까지 진행하여 더 많은 승리를 거둔 학급이 이깁니다.

3 스포츠 리그에 즐겁게 참여하기

스포츠 경기에서 가장 중요한 것은 최선을 다하고 즐겁게 경기에 임하는 것입니다. 고학년만큼 경기가 과열되지는 않지만, 1학년도 결과에 초점을 맞추면 친구를 탓하거나 학급끼리 싸우는 일이 벌어집니다. 그래서 리그 경기 전에 안전 지도와 더불어 승패에 대한 마음가짐을 지도합니다.

"우리 반이 졌다고 친구를 비난하거나 다른 반 친구에게 나쁜 말을 하지 않아요. 규칙을 잘 지키며 최선을 다하고 재미있게 경기합시다." 선생님의 이야기에 아이들이 말합니다.

"재미는 경기가 주는 선물이네요."

"재미있으면 이긴 거고, 화나면 진 거예요."

짙고 푸른 청출어람, 이럴 때 하는 말 맞지요?

학급 학예회

1학년 아이들과 학급 학예회를 두 해 해냈습니다. '했다'가 아니라 '해냈다'라고 표현할 만큼 1학년 학급 학예회는 담임교사의 어마어마한 노력이 듭니다. 공연 종목 정하기, 연습하기, 교실 꾸미기 등 꼼꼼하게 준비해야 할 일이 참 많아요.

그래도 학급 학예회는 학부모님께 아이들의 성장한 모습을 보여드리는 기회가 되었습니다. 꿈 발표, 줄넘기, 합주, 전래동요 등 수업했던 내용을 다듬고 발전시켰기에 의미가 있었습니다. 노래와 춤을 좋아하는 우리 아이들이 연습하는 내내 즐거워해서 좋았습니다. 동 학년 선생님들과 좋은 아이디어를 공유하여 단체 종목만으로 진행한 학급 학예회를 소개해 드립니다.

1 학예회 종목

1) 꿈 발표

국어 교과 '나의 꿈 말하기, 내가 잘하는 것 소개하기' 수업할 때 아이들 발표를 녹화해 두었습니다. 아이들이 그린 그림과 발표 장면을 엮어서 영상을 만들었습니다. 아이들은 두세 문장의 발표 내용을 외운 후 자신 있게 발표했습니다. 유난히 부끄러워하는 아이들은 방과 후 친구들이 없을 때 영상을 찍었고, 도저히 문장을 외우지 못하는 친구들은 한 문장씩 끊어서 찍은 후 영상을 붙였습니다.

다른 반은 영상을 녹화하지 않고 학예회 날 직접 발표하였는데, 연습을 많이 한 덕분에 아이들의 발표 실력이 늘었다고 했습니다.

2) 노래와 율동

세상에서 가장 아름다운 모습을 꼽으라면 아이들이 노래 부르는 모습이라고 말하고 싶어요. 1학년은 노래만 불러도 감동적인 무대가 완성된답니다. 잘 부르려 애쓰는 귀여운 입 모양, 마음이 깨끗해지는 듯한 아이들의 노랫소리, 꼼지락거리는 손가락과 예쁜 몸짓.

아이들이 노래 부르는 모습을 수차례 볼 수 있었던 저는, 큰 행복을 누렸습니다. 아이들 몰래 눈물을 훔치며 학부모님이 느끼실 감동을 미리 여러 번 경험했지요.

노랫말이 예쁜 '모두가 꽃이야', '염소 4만원'을 추천합니다. 노래에 율동까지 함께 하면 1학년의 귀여운 매력이 배가 된답니다.

3) 리듬 합주

통합교과 수업에 리듬 합주를 하는 시간이 있습니다. 트라이앵글, 캐스터네츠, 탬버린 악기 연주법을 익히고 합주의 즐거움을 느끼는 시간이죠. 교과서 곡에 간단한 리듬 합주 악보가 있는 곡을 추가해서 무대를 만들어 보세요. 1학년 수준에 맞고, 아이들의 끼를 보여줄 수 있는 곡인 '내가 바라는 세상'을 추천합니다.

4) 줄넘기 쇼

점심시간 틈틈이 줄넘기를 연습하면 2학기 후반에는 대부분 학생이 양발 모아 뛰기를 잘할 수 있는 실력이 됩니다. 학예회 공연으로 줄넘기를 할 거라고 알려주고 한 명씩 줄넘기 실력을 보여주는 시간을 갖습니다.

아이들은 친구들에게 자극받아 가위바위보, 엑스자, 이단 뛰기에 도전하고 성공해 냅니다. 그리고 친구들과 함께 연습하면서 재미있는 줄넘기 동작을 지어내기도 합니다. 오른쪽 왼쪽으로 콩콩 뛰는 '왔다 갔다 뛰기', 다리를 꼬아 뛰는 '나비 뛰기', '뒤로 구보 뛰기', 한 발로 뛰면서 다른 발을 앞으로 박자 맞춰 내밀며 뛰는 '망치 뛰기' 등 모두 아이들이 만들어 낸 줄넘기 묘기입니다.

양발 뛰기만 할 수 있는 아이를 앞 순서로 하고, 이단 뛰기를 하는 아이를 뒤 순서로 합니다. 학예회 무대 중 '줄넘기 쇼'는 아이들이 가장 좋아했던 종목이었고 아이들의 줄넘기 실력에 많은 학부모님이 감탄했던 효자 종목이었습니다. 배경음악으로 거북이의 '비행기' 곡을 틀어주면 제법 줄넘기 공연 같은 느낌이 든답니다.

5) 강강술래

전체 학예회를 하던 때에 1학년들의 단골 공연은 '문지기, 손치기 발치기, 남생아 놀아라, 청어 엮자' 등의 전래동요를 부르며 춤추는 강강술래였습니다. 제가 근무하는 학교에서는 국악 강사 선생님께서 교과서의 '남생아 놀아라, 달도 달도 밝다'를 수업을 하면서 '청어 엮자' 전래동요와 강강술래 동작을 가르쳐 주셨습니다. 덕분에 전래동요 & 강강술래의 멋진 무대가 뚝딱 만들어졌습니다. 유튜브 영상으로도 강강술래 동작을 배울 수 있으니 학급 학예회 무대 중 하나로 추천합니다.

6) 댄스 무대

신나게 춤추는 댄스 무대도 빠질 수 없지요. 1학년은 쉬운 동작이 반복되는 안무의 곡을 추천합니다.

'쿵푸 파이팅'이나 '검정 고무신' 곡은 아이들이 스스로 안무를 익힐 정도로 쉽고, 남학생 여학생 모두 좋아합니다. 교실은 학생들이 모두 서기에 좁으므로 두 팀으로 나누어 공연을 구성하시면 좋아요. 동작을 칼같이 맞춰야 한다는 부담감은 내려놓으시고 재롱잔치 무대를 준비한다고 생각해 주세요.

7) 수화

줄넘기와 댄스의 역동적인 무대로 학예회의 하이라이트를 장식했다면 마무리는 잔잔한 감동이 있는 수화가 어떨까요? '꿈꾸지 않으면' 곡 전주와 함께 꽃(비누 꽃 또는 홀로그램 장미꽃) 한 송이를 든 아이들이 입장합니다. 몇 소절 노래를 부른 후 아이들이 부모님께 꽃을 안겨드립니다. 자리에 돌아온 후 노래를 부르며 수화합니다.

우리 아이에게 갑자기 선물 받는 꽃, 아이들의 목소리로 전하는 배움, 꿈, 가르침, 희망에 대한 노랫말에 눈물이 나오지 않을 수 없답니다. '다섯 글자 예쁜 말', '크리스마스에는 축복을' 노래도 추천합니다.

8) 부모님께 드리는 편지

아이들이 부모님께 전하고 싶어 하는 좋은 문장을 엮어 편지글을
미리 만듭니다. 그리고 수화를 마친 후 함께 소리 내어 편지를 읽습니다.

"저희가 준비한 무대를 잘 보셨나요? 오늘 와주시고 박수 쳐 주셔
서 감사합니다. 저희는 좋은 사람, 씩씩하고 멋진 사람, 행복한 사람이
되겠습니다. 부모님! 많이 많이 사랑합니다."

9) 몇 가지 팁

모든 학생이 한 번씩 돌아가며 사회를 맡아 진행합니다. 한 손에는
마이크를, 다른 한 손에 대본을 쥐는 것도 시간이 걸리는 아이들이지만,
진지한 그 모습이 너무나 귀엽습니다.

학예회 무대는 학생들이 발표자이면서 관람객입니다. 친구의 무대
를 박수로 응원하고 바른 자세로 관람하도록 지도합니다.

비록 큰 강당 무대는 아니지만, 선생님이 알려준 동선을 따라 차분
하게 입장, 퇴장합니다. 무대에 임하는 공연자의 태도가 공연의 품격을
높이니까요. 연습을 반복하여 모든 무대가 익숙해진 후, 학예회를 일주
일 앞두고 입·퇴장 연습을 시작하면 충분합니다.

무대에서 다투는 일이 생길 때는 참을 수 있도록 미리 지도합니다.
"공연을 보러 갔는데 배우가 무대에서 싸우면 어떨 것 같아? 큰일이 아
닌 경우에는 마치고 이야기하자."라고 당부해 둡니다.

부모님이 안 오시거나 늦게 오시면 우는 1학년도 있습니다. 학부모
님이 모두 오시는지 미리 확인하고 부모님이 오시지 않는 아이의 마음
을 잘 다독거려 주세요.

APPENDIX

부록

1학년 Q&A

교실 정리

1 아이들 외투가 자꾸 흘러내려요

외투를 의자에 걸어두기만 하면 쉽게 흘러내립니다. 외투가 교실 바닥에 널브러져 밟히기도 하고, 어떤 아이들은 수업 시간에 외투를 뒤집어쓰고 놀기도 합니다.

그래서 입학한 다음 날 외투 정리를 가르칩니다. 의자에 외투를 건 후, 외투의 양팔 부분을 의자 기둥 안쪽으로 말아 넣습니다. 긴 외투는 외투 밑단 옷자락도 함께 말아서 넣습니다. 키가 큰 아이들의 긴 외투는 개어서 사물함 위에 올려둡니다.

태권도 가방을 책상 가방걸이에 걸면, 다니는 데 방해가 됩니다. 교실 한쪽에 공간을 마련하여 태권도 가방을 따로 모아 둡니다. 종례할 때 태권도 가방을 챙겨가도록 꼭 알려주고요.

312

2 아이들 책상 서랍이 엉망이에요

서랍 왼쪽에는 교과서, 오른쪽에는 색연필과 사인펜, 가운데에는 필통을 넣게 했습니다. 교과서는 구겨지거나 겹치지 않도록 정리하게 합니다. 하교 전 청소 시간에 순회 지도하며 서랍 검사도 자주 했습니다. 정리가 안 되는 아이들은 "풀과 가위는 사물함에 넣어두고 오세요.", "쓰레기는 버리고 오세요." 하며 하나씩 지도하고, 서랍 정리를 자주 도와주었습니다.

3 필통을 집에 안 가져가는 아이들, 어떻게 지도하나요?

필통을 학교에 두고 가는 아이들의 필통에는 제대로 된 연필과 지우개가 없습니다. 필통을 꼭 집에 가져가게 하려면 필통을 가방에 넣었는지 확인해야 합니다. 바쁜 하교 시간에 일일이 검사하기가 쉽지 않으므로, 번호 뽑기를 하여 하루에 몇 명씩 무작위로 확인했습니다. 3월에는 매일, 이후로는 불시에 확인하니 아이들이 습관적으로 필통을 가방에 넣어가게 되었습니다.

4 연필을 안 깎아온 아이들, 수업 중에 연필을 깎게 하나요?

1학년을 맡은 첫해에는 교실 뒤편에 연필 깎기를 두어 필요할 때마다 쓰게 했고, 여분의 다양한 학용품을 비치하여 사용할 수 있게 했습니다. 그랬더니 집에서 연필을 깎아오는 아이는 몇 없었습니다. 아이들은 수업 시간에도 수시로 나가서 연필을 드르륵 깎았고 선생님이 빌려준 연필, 지우개는 교실 바닥에 나뒹굴었습니다.

둘째 해에는 연필 깎기를 선생님 자리에 두고, 수업 시간에는 연필을 깎지 못하게 했습니다. 집에서 또는 쉬는 시간에 해야 할 일이니까요. 연필이 없거나 연필심이 부러진 아이는 선생님께 주의를 받고 친구에게 아쉬운 소리를 하는 고충을 겪게 했습니다. 같은 이유로 테이프, 풀, 가위와 같은 공용 학용품도 교실에 비치해 두지 않았습니다. 아이들은 집에서 연필을 깎아왔고 제 학용품을 잘 챙길 줄 아는 1학년이 되었습니다.

5 1학년도 교실 청소를 잘할 수 있나요?

종례 시간, 타이머로 3분을 맞추고 청소하는 시간을 가졌습니다. 미니 빗자루로 책상 위에 모아 둔 지우개 가루를 쓸어 담고 자기 자리 바닥을 청소하게 했습니다. 이때 청소를 열심히 하는 학생 이름을 불러 주시고 칭찬해 주세요. 아이들에게는 청소 시간이 칭찬받을 기회가 되고, 선생님은 반 아이들 이름을 한 명씩 불러주는 시간이 됩니다. 제가 맡은 학년 중에 청소를 가장 잘하는 학년은, 1학년이었어요.

6 책상 줄이 맞지 않아요

1학년 아이들도 책상 줄을 쉽게 맞출 수 있도록 책상 앞쪽 양발 받침을 따라 시트지 테이프로 '기역 자'를 붙였습니다. "책상을 기역 자에 맞추세요."라고 하면 아이들이 기역 자 안으로 책상의 발을 맞추었습니다. 몇 달이 지나면 붙여둔 시트지가 벗겨지지만, 그 사이에 아이들도 훌쩍 자라 책상 줄을 어느 정도 맞추게 된답니다. 멀티 초크 펜으로 책상 받침을 따라 라인을 그려도 좋습니다.

1 │ 생일 축하파티를 하나요?

한 달에 한 번, 마지막 주 금요일에 생일 축하파티를 했습니다. 학급운영비로 작은 빵을 사서 케이크를 만들고, 초를 꽂아 생일 축하 노래를 불러주었습니다. 생일을 맞은 친구들에게 축하와 칭찬의 말을 전하고, 간식을 먹으며 아이들이 좋아하는 영상을 함께 보는 소박한 생일파티였습니다. 그래도 아이들은 한 달에 한 번 있는 이 날을 너무나 기다렸고 행복해했습니다.

2 │ 우유 급식 지도를 어떻게 하나요?

우유를 마실 때는 꼭 제 자리에 앉아서 먹게 합니다. 그리고 우유를 다 마신 후에 다른 일을 하게 해야 실수로 우유를 쏟는 일이 줄어듭니다. 우유를 흘렸을 때는 스스로 화장지로 닦게 하여 책임감을 배우게 합니다.

1번 학생에게 우유 상자를 가져오는 방법을 알려준 후 첫날은 1, 2번 학생, 다음 날은 2, 3번, 이렇게 순서를 정해주면 앞 번호 아이가 다음 아이에게 우유 상자 가져오는 법을 가르쳐줍니다.

3 1학년도 1인 1역할이 가능한가요?

물론입니다. 저는 1학년 2학기에 1인 1역할을 시작했습니다. 아이들의 의견을 받아 학급에 필요한 역할을 함께 정했습니다. 칠판 지우기, 날짜 자석 바꾸기, 학급 문고 정리, 교실 전등 끄기, 교실 문 닫기, 칠판 부착물 정리하기, 이면지 바구니 정리하기, 분실 물건의 주인 찾아주기, 선생님 심부름하기, 쓰레기통 주변 청소하기, 선생님과 쓰레기 분리 배출하기, 우유 택배로 정했습니다. 1학년 아이들은 여러 역할을 한 번씩 해보고 싶어 해서, 번호순으로 일주일씩 돌아가며 모든 역할을 한 번씩 경험하게 했습니다.

4 1학년들이 좋아하는 놀잇감은 무엇인가요?

블록 놀잇감으로는 꼬마 사각 블록, 연결 큐브, 젠가(또는 카프라)를 추천합니다. 처음 블록 놀이를 할 때는 선생님 지도하에 놀이하는 시간을 가졌습니다. 특정 색의 블록을 독점하려는 아이, 블록을 많이 가지려는 아이, 좋아하는 친구들끼리만 놀려고 하는 아이에게는 나쁜 욕심을 부리면 교실에서 놀잇감을 가지고 놀 수 없다고 알려주었습니다.

천사 점토는 필수입니다. 대용량 천사 점토를 학습준비물로 구매해 두고 놀이 시간에 가위로 잘라 나누어줍니다. 1학년 아이들은 작품을 크게 만들지 않기 때문에 적은 양을 주어도 충분합니다. 색 사인펜을 콕콕 찍어 색깔을 내고 음식, 과일, 그릇, 또는 자유 주제로 만들기를 합니다.

보드게임은 다툼이 많아 추천하지 않지만 '도블'은 그나마 사이좋게 놀이하고, 여러 학생이 놀이할 수 있어 좋았습니다. 저렴하게 살 수 있는 도토리 팽이로는 한 시간 신나게 놀 수 있고요, 종이접기로 놀잇감을 만들면 좋아요. 유튜브에서 '쉬운 종이접기 동물'을 검색하여 종이접기 하면 아이들은 종이 동물로 신나게 놀이합니다.

칠교놀이는 대부분 학교에 있을 거예요. 동 학년 선생님께 얻은 귀한 정보인데, 유튜브에 '이야기 칠교'를 검색하면 재미있는 이야기를 들으며 칠교 작품을 완성할 수 있습니다.

5 자리 배치는 어떻게 할까요?

3월 첫 자리는 출석 번호순으로 배치하였고 그 이후로는 제비뽑기로 정하였습니다. 한 명씩 뽑은 자리를 자리 배치도 화면에 표시하는데, 이 화면은 반 아이들 자리를 모두 조정한 후 마지막에 공개하였습니다. 다툼이 심한 아이들이 짝으로 뽑혔을 때는 다시 뽑게 하였고, 자리를 최종으로 정한 후에도 장난이나 다툼이 심할 때는 자리를 조정하였습니다.

1학년들은 선생님께서 정해주는 것을 잘 받아들이기 때문에 아이들의 교우 관계를 고려하여 매달 자리 배치를 직접 정하시는 선생님도 있으십니다.

03

생활 지도

1 짝이 자기 것을 본다고 혼내달라고 해요

"짝이 제 것 봐요." 흘겨보는 눈, 툭 나온 입을 한 아이는 선생님이 짝을 혼내주길 바랍니다. 하지만 저는 이렇게 말합니다. "짝과는 공책을 함께 보는 거야."

1학년에서 짝은 운명 공동체입니다. 공책을 보여주며 함께 공부하고, 퀴즈도 의논하여 맞힙니다. 짝이란 서로 도움을 주고받는 사이, 함께 문제를 해결하는 친구로 인식하게 되면 제 것을 본다며 이르는 일이 없어집니다.

"짝과 함께 해결하세요. 짝과 의논하세요." 제가 자주 하는 말입니다.

2 아이들이 고자질을 너무 많이 해요

저는 고자질에 수용적인 편입니다. 많은 정보를 얻을 수 있고, 사고나 다툼이 커지기 전에 예방할 수 있으니까요. 하지만 너무 사소한 것을 이르는 아이에게는 제동이 필요하지요.

"친구가 혼났으면 좋겠어? 아니면 친구가 걱정되었어?"라고 물어봅니다. 고자질한 아이는 친구가 걱정되었다고 말하면서도 질문에 대해 생각을 하게 됩니다. "그랬구나. 앞으로도 친구가 걱정될 때만 이야기해 줘."라고 부탁해두면 두 번 할 고자질이 한 번으로 줄어듭니다.

3 | 한 명은 밀었다고 하고, 한 명은 안 밀었다고 해요

자기중심적인 1학년이라 내가 민 것은 실수이고 친구는 일부러 한 것이라고 생각하는 아이들이 많습니다. 그래서 친구가 일부러 밀었다고 생각하고 쪼르르 선생님에게 와서 "선생님, 친구가 밀었어요."라고 말하지요.

이런 아이들에게는 그 친구에게 먼저 물어보라고 합니다. "나를 일부러 밀었어?" 그러면 실수인지 일부러 했는지 알 수 있으니까요. 그리고 실수로 민 친구에게는 "실수로 밀었지만 미안해."라고 말하게 합니다. 아이들의 마음이 바로 풀리지는 않지만, 친구를 오해하지 않는 법과 실수를 했을 때 사과하는 법을 배우게 됩니다. 무엇보다 선생님에게 일일이 도움을 청하는 횟수가 줄어들고요.

4 1학년 아이들이 돈을 주고받아서 문제가 생겼어요. 어떻게 지도하나요?

돈이나 물건을 주고받는 문제가 생기지 않도록 입학 적응 기간에 꼭 지도하여 예방합니다. '돈이나 물건을 주고받지 않기, 친구의 물건이 예쁘다며 달라고 하지 않기, 친구에게 간식이나 물건 사주지 않기, 편의점에서 친구가 먹는 음식 한 입만 달라고 하지 않기'를 지도합니다. 우리가 가진 돈은 부모님께 받은 것이므로 내 마음대로 친구에게 주어서는 안 된다고 하면 아이들이 이해합니다.

그리고 '현금은 되도록 가져오지 않기, 돈을 가져오면 호주머니나 가방 깊은 곳에 넣기, 가지고 온 돈 자랑하지 않기, 돈을 잃어버리면 못 찾을 수도 있음'을 아이들에게도 학부모에게도 미리 공지합니다.

이미 사건이 벌어졌다면 양쪽 부모님께 상황을 알리고 주고받은 물건이나 돈은 돌려주게 합니다.

5 안전사고 예방을 위해 특별히 하는 일이 있나요?

'예상하기'입니다. '자'를 사용하는 수업을 한다면 '자로 친구를 찌를 수도 있겠다.', 놀이터에 간다면 '구름사다리에서 떨어질 수도 있겠다.', 아이 두 명이 장난스레 발로 차고 있다면 '조금 후에 다툴 수도 있겠다.' 이렇게 어떤 일이 벌어질 수 있을지 미리 생각해 봅니다. 예상 가능한 안전사고를 미리 알려주고 조심하게 합니다.

그리고 수업 루틴처럼 활동 전에 아이들에게 물어봅니다. "이번 활동에서 우리가 조심해야 할 게 있나요?" 아이들이 주의해야 할 것을 찾고 스스로 조심하겠다고 생각하게 합니다.

그리고 하교 지도할 때 안전을 위해 두 가지의 일을 합니다. '아이스크림' 알림장에서 안전 문구를 선택하여 다양한 영역의 안전 지도를 합니다. 그리고 하교 인사 전에 다 같이 외칩니다. "차 조심, 길 조심, 사람 조심"

04

수업 지도

1 한글 수업을 시작하지 않은 입학 초기,
칠판에 한글을 써도 되나요?

물론 됩니다. 오히려 자주 써주세요. 초등학교 입학 후 아이들의
한글 실력이 빠르게 느는 이유 중 하나는 초등학교 교실에서 한글 노출
이 많은 덕분입니다. 아침 활동 안내, 날짜와 요일, 과목, 준비물, 배움
문제 안내 등을 칠판에 꼭 쓰셔서 아이들이 한글 속에서 생활하게 해주
세요. 글자 크기를 크게, 내용을 짧게 써주셔야 더욱 효과적입니다.

2 한글 쓰기 외에도 열 칸 공책을 사용하나요?

칸 안에 크기를 맞추어 글자를 쓰는 경험을 많이 하게 하세요. 숫
자를 익히고 가르기·모으기 할 때, 퀴즈 답을 쓸 때, 중요한 내용을 메
모할 때 등 기회가 될 때마다 공책을 사용합니다.

3 수업 활동 결과물을 어떻게 가정에 보내나요?

아이들 활동 결과물을 차곡차곡 모읍니다. 그리고 학기 말에 제본 스테이플러로 묶어서 가정으로 보냅니다. 낱장의 사진과 앨범을 보는 기분이 다르듯, 아이들 작품을 모아서 볼 때의 뿌듯함은 특별합니다. 작품 모음집으로 묶으면 보관하기도 좋고, 비닐을 사용하지 않아 나중에 분리 배출하기도 수월합니다.

A4 도화지 3장을 준비하여 작품 앞에 두 장, 작품 뒤에 한 장 배치합니다. 제본 스테이플러로 한 번에 찍어 묶습니다. 맨 앞의 종이를 뒤로 넘긴 후, 넘긴 앞장을 뒷면에 풀로 붙입니다. 아이들이 제목을 쓰고 표지를 꾸밉니다.

준비물

종이를 한번에
제본용 스테이플러로 찍기

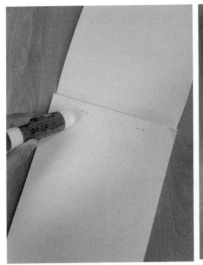

맨 앞장을 뒤로 넘겨
풀로 붙이기

완성

4 재미있게 할 수 있는 한글 놀이에는 무엇이 있나요?

1) 자음과 모음을 고른 후 글자 만들기

자음과 모음이 적힌 카드를 뒤집어 칠판에 붙여둡니다. 한 명씩 돌아가며 자음, 모음 카드 번호를 부릅니다. 친구들이 고른 자음과 모음으로 글자를 완성합니다. 자음과 모음을 합쳐 글자를 만드는 활동입니다.

2) 글자 조합 퀴즈

교사 커뮤니티에서 배운 글자 조합 퀴즈입니다. 받침이 없는 글자 네 개를 칠판에 적습니다. 짝과 의논하여 글자를 조합하여 의미가 있는 낱말을 완성하여 공책에 씁니다. 찾은 답을 하나씩 발표합니다. 친구가 발표한 낱말이 내 공책에 있으면 체크 표시하고, 내 공책에 없는 낱말은 추가하여 씁니다. PPT 없이도 놀이할 수 있고, 무작위로 글자를 제시하여도 아이들이 낱말을 완성해 내는 재미가 있습니다. 글자 수를 점점 늘려가며 퀴즈를 냅니다.

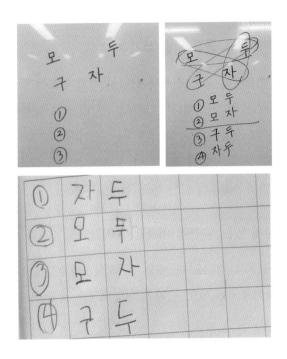

3) 그림과 초성을 보고 낱말 쓰기

그림과 초성을 보고 낱말을 완성하여 공책에 쓰는 놀이입니다. 짝과 의논하여 맞춤법에 맞게 낱말을 씁니다. 퀴즈 맞히듯 재미있게 공부할 수 있고 어려운 받침 글자도 잘 기억하게 됩니다.

이미지 출처: pngtree

4) 5단계 퀴즈 풀고 낱말 쓰기

어려운 힌트부터 쉬운 힌트까지 다섯 개의 힌트를 줍니다.
"물건입니다. 두 글자입니다. 대부분 한 번 쓰고 버립니다. 음료수를 먹을 때 사용합니다. 초성은 'ㅃㄷ'입니다."
짝과 답을 찾고 낱말을 완성하여 공책에 씁니다. 맞춤법이 어려운 낱말을 재미있게 익힐 수 있는 한글 놀이입니다.

5) 교실에 있는 물건에 이름표 붙이기

한글 자모음과 받침을 다 배운 후, 교실 속 물건의 이름을 포스트 잇에 써서 붙이게 해보세요. 글자를 어떻게 쓰는지 물어가며 완성하기도 하고, 기상천외한 곳에 있는 물건의 이름을 쓰며 신나게 공부하는 한글 놀이 시간이 됩니다.

5 │ 아이들이 "다 했어요"라는 말을 너무 많이 해요

저는 "다 했어요"라는 말 대신 '하트 만들기' 약속을 했어요. 개인 활동이나 짝, 모둠 활동을 마치면 선생님을 향해 두 팔로 큰 하트를 하는 거예요. 선생님은 엄지손가락을 내밀며 '엄지 척'으로 확인해줍니다. 다 한 사람에게는 발표 연습하기, 교과서 한 번 더 읽기, 그림책 읽기 등의 추가 과제를 제시해줍니다.

6 미술 시간에 물감을 쓸 엄두가 나지 않아요. 쉬운 방법이 있을까요?

크레파스로 그림 그린 후 물감으로 배경 채색하기, 스펀지에 물감 묻혀 찍기 활동 등을 할 때 물감을 사용했습니다. 교실 앞쪽에 책상 3개를 붙여 두고 3명씩 앞에 나와 물감을 사용하게 했습니다. 크레파스 채색을 먼저 완성한 학생부터 물감과 붓 사용방법을 알려줍니다. 붓에 얼마큼의 물감과 물을 묻혀야 하는지, 어떻게 붓질해야 하는지 개별 지도할 수 있었고 뒷정리도 수월하게 할 수 있었습니다.

나가며

"선생님, 저는 왜 이리 부족할까요?"

흔들리는 교실을 자기 탓으로 돌리며 작아지는 선생님들이 계십니다. 몇 년 전 '나'의 모습이었고, 앞으로 그런 '나'를 또 만날 수도 있습니다.

"선생님이라면 어떻게 하셨을 것 같아요?"

우리는 교육 환경의 변화를 외침과 동시에, 교실을 튼튼하게 지키는 선생님이 되고자 합니다. 아이들만 바라보는 선생님이기에, 아이들과 다시 즐겁게 수업하고 싶습니다. 이 책은 그런 제 모습을 그대로 옮겨놓은 또 하나의 '나'입니다.

이 책은 여러 선생님의 어깨를 빌려 완성되었습니다. 우리 반 일인 것처럼 함께 고민해주신 동료 선생님, 책과 연수로 배움을 주신 선생님들의 도움 덕분입니다. 이제 제 어깨를 선생님들께 빌려드릴 수 있다고 생각하니 참 기쁩니다.

힘든 시간이 책이라는 성장으로 승화된 이 아이러니를 보며, 삶을 지혜롭게 살아가는 한 가지 방법을 더 알게 되었습니다. 고통의 순간을 극복하며 그 과정을 기록하는 일은 삶의 역량을 몇 배로 키우는 일이라는 것을요. 이제는 삶에서 무엇을 만나든, 제 인생의 감독이 되어보렵니다.

"선생님, 1학년 교실 이야기를 책으로 써보세요."라고 권해주셨던 밀알샘 김진수 선생님, 책 쓰는 일에서 만난 여러 고민을 들어주시고 도와주신 미미쌤 배정화 선생님을 비롯하여 함께 읽고 쓰며 서로의 진한 성장을 응원하는 자기경영 노트의 여러 선생님께 감사합니다.

제 글을 알아봐 주시고 교육 현장을 걱정해주신 이선경 부장님, 제 글과 함께 호흡해주신 꼼꼼한 김다혜 편집자님께 감사드립니다.

더없이 착하고 바르게 잘 자라고 있는 아들과 딸, 그리고 따뜻한 가정을 만들어주고, 주말이면 함께 공부하는 메이트가 되어주는 남편에게 감사합니다.

지금도 1학년 우리 반 친구들의 모습이 애틋하게 떠오릅니다. 잠시 교무실에 간 선생님을 복도 창문에서 빼꼼히 쳐다보며 기다리던 아이들, 선생님과 헤어지기 싫다며 칠판에 적힌 연도를 바꾸어 쓰던 아이들, 예쁜 색과 모양을 모아 선생님을 공주님으로 만들어주던 아이들, 선생님이 주는 사랑을 턱없이 모자라게 만들어버리는 우리 1학년 아이들이었습니다.

우리 아이들을 위해서 좋은 선생님이 되고 싶었습니다.
우리 아이들에게 어울리는 멋진 교실을 만들고 싶었습니다.

좋은 선생님이 되고 싶은 꿈을 계속 꾸겠습니다.

• 저자 소개

장소영

아이들이 밝게 웃는 모습이 좋아서, 수업을 열심히 준비하는 20년 차 초등 교사입니다.
1학년 아이들 웃음뿐 아니라, 1학년 선생님들의 웃음도 찾기를 바라며 책을 썼습니다.
좋은 나, 좋은 선생님이 되고 싶은 꿈이 있습니다.
저서로는 『책 속 한 줄의 힘』(공저), 『우리는 사랑함으로써 선생님이 된다』(공저)가 있습니다.

• 네이버 블로그: https://blog.naver.com/elf39
• 인스타그램: www.instagram.com/neverbetter__so

1학년 선생님을 위한 모든 것

초판발행	2024년 7월 31일
지은이	장소영
펴낸이	노 현
편 집	김다혜
기획/마케팅	이선경
표지디자인	이수빈
제 작	고철민 · 김원표
펴낸곳	㈜ 피와이메이트
	서울특별시 금천구 가산디지털2로 53, 210호(한라시그마밸리, 가산동)
	등록 2014. 2. 12. 제2018-000080호
전 화	02)733-6771
f a x	02)736-4818
e-mail	pys@pybook.co.kr
homepage	www.pybook.co.kr
I S B N	979-11-6519-950-0 93370

정 가   21,000원

박영스토리는 박영사와 함께하는 브랜드입니다.